_____ 드림

초등 과목별
교과서
읽기 능력

초등 과목별 교과서 읽기 능력

1판 1쇄 인쇄 2011년 7월 24일
1판 1쇄 발행 2011년 8월 31일

지은이 김명미

발행인 장상진
발행처 경향미디어
등록번호 제313-2002-477호
등록일자 2002년 1월 31일

서울시 마포구 합정동 196-1 2층 우편번호 121-883
대표전화 1644-5613, 팩시밀리 02-304-5613

저작권자 ⓒ 2011 김명미

ISBN 978-89-6518-033-3 13370

※값은 표지에 있습니다.
※파본은 구입하신 서점에서 바꾸어 드립니다.

경향에듀 는 경향미디어의 자녀교육 전문 브랜드입니다.

초등 과목별 교과서 읽기 능력

7차 개정 교과서 집중 해부　　**사교육 없이 1등하는 공부법**

●● 김명미 지음

경향에듀

추천사

　대학 입시에서 높은 성적을 얻은 학생들의 인터뷰에서 "교과서로 공부했어요."라는 공통적인 말을 찾을 수 있다. 그 말을 듣고 대부분의 사람들은 "어떻게 교과서만으로 그렇게 잘할 수 있어? 과외나 학원에 다녔을 거야."라는 말을 하는 것을 볼 수 있다.
　25년간 교직에 몸담고 있으면서 모든 아이들이 공부를 잘하고 싶어 하는 것을 보았고 '모두가 공부를 잘하기를 원하면서 왜 공부를 잘하지 못할까?' 하는 의문에 대한 해답을 찾게 되었다. 그것은 어려서부터 왜 공부해야 하는지 이유를 찾지 못하고, 또 공부하는 방법에 대한 이해가 부족해서라는 것을 알게 되었다.
　평소 '자기 주도 학습'에 관심이 많았던 나는 관련 서적 20여 권을 구입하여 아이들을 지도하던 중 김명미 선생님이 집필한 '초등 읽기 능력이 평생 성적을 좌우한다'라는 책을 읽고 "바로 이 책이다!" 무릎을 치게 되었고 선생님이 강의하시는 곳에 가서 선생님의 강의를 듣고 이야기도 나누게 되었다. 대부분의 자기 주도 학습 교재는 비슷비슷하고 한 번 보고 나면 또 다시 펼치게 되는 일이 별로 없는데 그런 책들과는 전혀 다르며 김명미 선생님은 교과서를 어떻게 읽고 공부해야 하는지 구체적인 방법을 제시하였다. 이번에 나오는 책은 교과서의 편집과 체재를 분석하고 교과서의 표지 읽기, 목차 읽기, 단원명과 학습 목표는 어떻게 읽을지, 사진과 지도, 표는 어떻게 읽어야 하는지에 대해 자세하게 써 놓았다. 또 어휘력을 기르기 위한 구체적인 방법, 배경지식 쌓기, 메모하며 읽기, 자녀와 교과서로 공부한 부모님의 사례뿐 아니라 문제집은 어떻게 활용해야 하는지에 대하여 구체적인 사례를 제시하였기 때문에 그대로 따라 할 수 있게 짜임새 있고 쉽게 구성되어 있다.

자녀들이 공부를 잘하기를 원하지만 아이들을 어떻게 지도해야 되는지 잘 모르는 학부모님들이나 초등학교 고학년 학생들에게는 가려운 곳을 긁어 주는 좋은 책이 될 것이라고 확신한다.

— 부원초등학교 교사 윤혜숙

머리말

　점심 시간 한 식당의 풍경이다. 예닐곱 명의 엄마들이 막 식사를 끝내고 한참 대화 중이었다. "수연이 엄마, 오늘 2차까지 사라." "그래. 1등 엄마가 그 정도는 해야지. 나 같으면 3차도 사겠다." "아이고, 나는 우리 서현이가 1등 하면 동네 잔치 할 텐데. 아, 그 1등 한 번을 안 해 주네. 이 엄마 주머니 사정 생각해서 그러는지. 효녀가 따로 없어." "하하하!" 가만 들어 보니 누군가 기말고사에서 1등을 했고, 친구들 등살에 못 이기는 척 점심 대접을 하는 듯했다. 여기저기서 부러움과 시샘이 섞인 말들이 오고 갔다. 한 엄마의 말대로 내 아이가 성적만 좋다면야 동네 잔치에, 춤도 출 기세들이었다. 이런 마음을 갖는 것이 어디 부모뿐이랴. 아이들 역시 좋은 성적을 받아 칭찬받고 싶은 마음만은 부모보다 더 간절할 것이다. 그러나 정작 성적이란 것이 그 간절한 마음을 따라와 주지 않으니 참으로 안타까운 일이다. 공부를 하지도 않으면서 좋은 성적을 바란다면 공짜를 바라는 심보라며 눈 한번 흘기면 그만이지만 자기 나름대로 책상에 앉아 끙끙대는데도 성적이 오르지 않는다면 그것을 바라보는 부모의 마음이 얼마나 안쓰러울지 짐작이 되고도 남는다. 대신 공부를 해 줄 수도 없는 노릇이고 어찌 해야 공부를 잘할 수 있을지…. 명의란 명의를 다 찾아다니며 온갖 약방문을 다 써 보아도 고치지 못하는 병을 가진 환자의 마음이 이리 답답하려나 하는 생각마저 들 것이다. 답답한 마음에 여기저기 귀 기울이고, 이 책 저 책 뒤져 보아도 썩 후련한 해법을 찾기는 쉽지 않다. '이리 해 봐라, 저리 해 봐라, 이 방법이 좋다, 누가 어떤 문제집을 풀고 어떤 학원을 다니더니 성적이 쑥 올랐다더라' 하는 말들은 실상 내 아이에게 적용해 보려면 빙빙 겉돌기만 할 뿐이다. 유명한 학습 전문가가 썼다는 책 속의 성공 사례는 전문가의 성공 사례일 뿐 나와 내 아이에게는 맞지 않는 옷 같고, 성적을 쑥쑥 올려 준다는 학원은 내 아이가 따라가기에는 이미 너무 어려운 수준의 강의를 하고 있다. 그렇다고 "1등은 아무나 하나. 그 애들은 하늘이 특별히 점찍은 애들이야. 그런 애들을 어떻게 따라가겠어." 하며 지레 포기할 수는 없지 않은가. 결국 과외니 학원이니 기대하고 맡겨 봐도 신통치 않으니 직접 나서는 수밖에 없다고 생각한다. 하지만 아이와 책상에 앉았다가 몇 십 분 만에 으르렁거리며 책을 덮곤 하던 기억이 생생한데… 하며 망설이지만 이번이 마지막이라고 생각하고 도 닦는 심정으로 다시 도전해 보기로 한다. 그렇다면 이제 어떻게 할 것인가? 엄마가 도 닦는 심정으로 아이의 공부를 돕겠다니 마음가짐은 됐다 치고, 방법의 문제가 남았다. 그동안 애 잡고, 나 잡는 힘들기만 했던 학습법 말고 뭐 좋은 방법이 없을까 고민스러울 것이다.

    강연장과 연구실에서 이런 문제로 고민하고 있는 많은 학부모와 학생들을 만나면서 나에게도 이 문제가 같은 고민거리가 되었다. 책상에 앉아서 나름대로 열심히 공부하는데 성적이 좋지 않다는 아이들의 문제가 무엇인지부터 파악해야 도움을 줄 수 있겠다. 앞서 말했듯이 이미 여러 가지 방법을 써 봤던 아이들이다. 비유를 하자면 몸에 좋다는 온갖 보약을 가리지 않고 먹었으나 그 약들이 몸에서 받질 않아 오히려 해가 되어 처방이 어려운 환자와 같다고나 할까? 비유가 과하다 할지 몰라도 두 경우 모두 다른 처방들은 잠시 제쳐 두고 기초 체력을 길러야 한다는 점에서는 같다고 여겨진다. 그래서 나는 아주 기본이 되는 공부법, 지극히 평범한 공부법을 제안하려고 한다. 너무 쉽고, 가볍지 않은가? 하는 의심에 옆으로 제쳐 두었던 교과서를 수단 삼아 그것을 제대로 잘 읽고 활용하는 방법을 이 책을 통해 많은 부모와 아이들에게 알려 주고 실행할 수 있도록 안내하겠다.

나는 20여 년이 넘도록 독서 지도 전문가로, 읽기 전문가로 활동해 왔다. 많은 전문가를 양성했고, 책과 강의를 통해, 또 방송을 매개로 독서와 읽기 능력이 학습에 얼마나 지대한 영향을 미치는지 강조하고 또 강조해 왔다. 그러면서 아쉬웠던 점은 학습의 기초 도구인 교과서를 잘 읽어 내는 능력, 즉 교과서 읽기 능력을 키우는 방법을 직접적으로 안내하지 못했던 것이었다. 나는 모 대학 평생 교육원과 연구실에서 부모를 위한 교과서 학습 코치 과정을 강의하고, 학생들이 교과서 읽기 방법을 익히도록 도움을 주고 있다. 내가 이런 강의와 수업을 하는 목표는, 많은 부모와 아이들이 교과서의 중요성을 인식하고 그것을 제대로 읽어 낼 수 있는 교과서 읽기 능력을 길러 말 그대로 온전한 '자기 주도적 학습'을 할 수 있게 하는 것이다. 그러나 이렇게 만나는 부모와 아이들의 수는 한계가 있기에 그동안 교과서 읽기와 관련해 강의했던 내용과 수업에서 얻은 경험을 책 속에 담아내게 되었다.

과목별로 전 학년의 교육 과정을 알고, 지금 공부하는 것이 그 과정 중 어디쯤인지 아는 것이 왜 필요한지, 학습 목표를 먼저 확인하는 것이 교과서를 읽는 데 어떤 도움이 되는지, 사회 공부를 잘하기 위해 꼭 필요한 지도, 도표, 그래프들은 어떻게 읽어 내는 것인지와 같은 것들을 아주 설득력 있게, 그리고 최대한 쉽게 설명하기 위해 애썼다. 그 이유는 이 책이 부모와 아이들에게 그저 중요하다는 말만 하고 마는 책이 되지 않기를 바라는 간절한 마음에서이다. 그동안 교과서가 중요하다, 그러니 교과서 위주로 공부해라 하는 말을 한 사람과 그 말을 담은 책은 많았다. 그러나 왜 중요한지, 그럼 교과서로 어떻게 공부해야 하는지를 친절히 설명한 책이 없었기에 이 책이 직접적으로 교과서 읽기 능력을 키울 수 있는 방법을 찾고자 하는 부모와 학생들에게 작게나마 도움이 될 수 있기를 바란다. 더불어 이미 교과서 읽기 능력의 중요성을 인식하고 교과서로 공부해 훌륭한 성과를 거둔 많은 학부모와 학생들은 물론, 앞으로 성공 경험을 할 독자 여러분들께도 축하의 인사를 드리는 바이다.

펜을 놓으며 늘 바쁜 며느리, 아내, 엄마를 진심으로 이해하고 응원해 준 사랑하는 가족들에게 감사의 마음을 전합니다.

추천사 …4
머리말 …6

1부 교과서 읽기 능력이 왜 중요한가?

1. 교과서 왜 읽어야 하나? …20

1) 교과서 위주로 공부하고 1등 했다니 정말이야? …20
2) 교과서를 안 읽은 아이들이 하는 말 …22
   (1) 모두 중요한 것 같아서 무엇이 중요한지 판단하기 어렵다 …22
   (2) 참고서도, 문제집도 이해가 안 간다 …23
   (3) 배우지도 않았는데 시험에 나왔다 …24

2. 외면받는 교과서 …26

1) 아이가 교과서를 안 보는 것은 부모 탓이다 …26
2) 왜 부모는 교과서를 외면하나? …28
   (1) 교과서만으로는 내용이 부족하다 …29

(2) 문제집은 중요한 것만 잘 간추려 놓았기 때문에 보기 편하다 …30

　　　(3) 시험 준비하기에는 문제집이 편하다 …31

　　　(4) 교과서를 학교에 두고 다닌다 …32

3. 이젠 교과서를 읽자! …34

　　　(1) 읽을 양이 많지 않고 어렵지 않아 부담이 적다 …34

　　　(2) 무엇을 공부해야 할지 확실히 알 수 있다 …35

　　　(3) 최고의 집필진이 만든 최고의 교재 …35

　　　(4) 교과서를 벗어난 시험 문제는 없다 …36

　　　(5) 교과서 없는 문제집은 무용지물이다 …37

4. 교과서 읽기 기초 체력 갖추기 …39

　1) 어휘력 기르기 …41

　　　(1) 낯선 낱말 찾기 …43

　　　(2) 낱말의 의미 예측하기 …45

　　　(3) 예측한 뜻을 낱말 대신 넣어 뜻이 통하는지 보기 …45

　　　(4) 낱말의 정확한 뜻을 사전에서 찾아 확인하기 …45

　　　(5) 짧은 글짓기, 낱말 활용 연습하기 …46

　2) 배경지식 쌓기 …47

　3) 메모하며 읽기 …53

5. 교과서 읽기를 배우는 엄마들 ···56
    1) 비법 전수를 위해 비법을 배우다 ···56
    2) 내 아이와 공부할 때 나는 '옆집 아줌마' ···58
    사례 1 자녀와 교과서로 공부해 효과를 본 부모들 ···60

2부 교과서의 기본적인 활용법

1. 교과서 편집 체재 알기 ···64
2. 순서에 맞게 교과서 읽기 ···66
    1) 책의 구성과 특징 읽기 ···67
    2) 차례 읽기 ···68
    3) 훑어 읽기 ···69
    4) 본격적으로 읽기 ···69
        (1) 지금 읽는 것이 교과서 지도상 어디쯤인지 알기 ···70
        (2) 학습 목표 읽기 ···70
        (3) 단원명과 글의 제목 유의하며 읽기 ···71
        (4) 중요한 것을 알려 주는 단서를 파악하며 읽기 ···71
        (5) 배경 도서 찾아 읽기 ···76

3. 교과서로 예·복습, 수업 해결하기 ···77
    (1) 예습하기 ···77

(2) 수업하기 …78

(3) 복습하기 …78

사례 2 책가방 풀어 수다 떨기로 공부에 재미도 붙이고,
엄마와 사이도 좋아진 현진이 …80

3부 주요 과목 교과서 읽기 능력

1장 읽기 교과서

1. 읽기 교과서 읽기 …88
1) 읽기 교과서의 구성과 편집 체재 …89

2. 읽기 교과서 읽기 방법 배우기 실전 …94
1) 어휘력 키우기 …95
   (1) 모르는 낱말을 익히는 방법 …97
   (2) 교과서에서 배우는 낱말 익히기 …98

2) 요약하기 …103
   (1) 중심 낱말 찾기 …104
   (2) 설명글 읽고 중요한 내용 간추리기 …105
   (3) 이야기글 읽고 줄거리 간추리기 …111

3. 초등 읽기에서는 무엇을 배우나? ···115
　사례 3 어휘 공부와 문단 나눠 읽기로 공부 방법을 터득한
　민준이 ···121

2장 수학 교과서
1. 수학 교과서 읽기 ···128
2. 수학 교과서의 구성과 편집 체재 ···131
3. 수학 교과서 읽기 방법 배우기 실전 ···136
　(1) 오답이 많다면 그 원인을 찾아야 문제가 해결된다 ···136
　(2) 공식이 유도되는 과정을 아는 것이 더 중요하다 ···137
　(3) 방학은 지금까지 배운 것들을 점검할 수 있는 좋은 기회다 ···139
　(4) 초등 수학에서 중등 수학을 볼 수 있다? ···141
　(5) 문장제 문제 앞에서 당당해지자 ···143

4. 부모가 자녀 수학을 가르칠 때 신경 써야 할 것 ···147
　(1) 숫자 예쁘게 쓰자 ···147
　(2) 연습장을 노트처럼 쓰자 ···148
　(3) 빨리 하기를 강조하지 말자 ···149

5. 수학에서는 무엇을 배우나? ···150
　사례 4 예쁘게 숫자 쓰기와 천천히 풀기로 연산 오류와
　풀이 시간을 줄인 영훈이 ···154

3장 사회 교과서

  1. 사회 교과서 읽기 ···158

      1) 사회 교과서의 구성과 편집 체재 ···160

  2. 사회 교과서 읽기 방법 배우기 실전 ···169

      (1) 모르는 말 찾아가며 읽기 ···171

      (2) 중요한 내용 요약하며 읽기 ···173

      (3) 그림 단서 활용하며 읽기 ···174

      (4) 용어 '개념어' 익히며 읽기 ···176

      (5) 지도 읽기 ···177

      (6) 역사 지도 읽기 ···185

      (7) 도표, 그래프 읽기 ···189

      (8) 배경 도서 읽기, 뉴스·신문과 친해지기 ···192

  3. 사회에서는 무엇을 배우나? ···194

4장 과학 교과서

  1. 과학 교과서 읽기 ···200

  2. 과학 교과서의 구성과 편집 체재 ···203

  3. 과학 교과서 읽기 방법 배우기 실전 ···210

      (1) 학습 용어 익히며 읽기 ···212

      (2) 중요한 내용 정리하며 읽기 ···212

      (3) 따져 가며 실험하기 ···214

(4) 배운 내용을 구조화해서 정리하기 ···214

(5) 과학 글쓰기 ···216

4. 생활 속에서 과학 하기 ···217

(1) 과학 놀이하기 ···217

(2) 궁금할 때는 실험하기 ···222

(3) 기록하기 ···224

5. 과학에서는 무엇을 배우나? ···226

4부 문제집 활용하기

1. 나만의 기호를 만들자 ···240
2. 맞은 이유, 틀린 이유 확실히 알면서 풀기 ···242
3. 스스로 채점하기 ···245
4. 왜 틀렸는지 그 이유 알아보기 ···247
5. 해답지로 공부하기 ···249

사례 5 경인이의 문제집을 서로 물려받으려 하는 엄마들 ···250

5부 부록

부록 1. 요점 정리 사례 …256
부록 2. 과학 학습 용어 …262
부록 3. 사회 학습 용어 …270

1부

교과서 읽기 능력이 왜 중요한가?

교과서는 학습에 필요한 모든 교재 중에서 기본이 되는 책이다. 훌륭한 건축가가 든든한 기초 위에 좋은 재료로 멋진 건물을 짓듯이, 공부 잘하는 아이들은 교과서로 단단히 기초를 쌓고 그 위에 다양한 독서와, 자기만의 공부법 등을 더해 훌륭한 성과를 이루어 낸다. 교과서는 전 학년에 걸쳐 체계적인 짜임을 갖고 단계적으로 배워야 할 내용을 적절한 방법으로 배울 수 있게 만들어진 최적의 교재이기 때문이다.

교과서 왜 읽어야 하나?

[교과서 위주로 공부하고 1등 했다니 정말이야?]

아이가 중학교 입학 후 첫 성적표를 받아 왔다. 세상에, 말 그대로 충격이다. 그래도 초등학교 시절에는 제법 공부 좀 하는 축에 끼었고, 중학생이 되어서는 나름대로 공부를 열심히 하는 것 같았다. 그래서 마음속으로 '이러다 1등 할 수도 있겠다.'는 기분 좋은 상상도 했는데, 현실에서는 꿈에도 생각하지 못한 점수가 나왔다. 어떻게 이런 일이……. 부랴부랴 다른 엄마들에게 전화를 해 봤다. 정말인지, 그런 척하는 것인지 대부분 한숨 바람이다. 아이가 기죽진 않을까, "다음에는 잘 할 수 있을 거야. 지난 것은 잊고 이제부터 열심히 하자!" 했지만 맥이 빠지는 것은 어쩔 수 없다. 그런데 초등학교 때는 눈에 띄지 않던 철수가 거의 만점 수준으로 1등을 했다는 소식이 들렸다. 철수 엄마에게 어느 학원에 보냈는지, 문제집은 어떤 것을 쓰는지 성적이 오른 비법이 있나 싶어 꼬치꼬치 물어봤다. 철수 엄마는 철수가 학원도 안 다니고, 공부도 별로 안 한단다. 시험 때 공부하라고 하면 교과서를 꼼꼼히 보는 것 같다고 한다. 그 말이 정말일까?

철수뿐 아니라 유명 대학 수석 입학자를 포함해 공부 잘하는 아이들은 모두 높은 성적의 이유를 '교과서 위주의 공부'라고 말한다. 무언가 특별한 공부 비법을 기대했던 사람들에게는 여간 실망스러운 대답이 아닐 수 없다. 분명히 공개하지 않은 특별한 비법이 있을 거라고 믿는 눈치다. 몇 년 동안 유명 학원, 과외, 문제집, 참고서 등 모든 것을 동원해 공부했지만 크게 효과를 못 본 학생과 부모 입장에서는 달랑 교과서로 공부했다는 말을 믿을 수 없을 것이다. 대다수의 사람들이 생각하는 것처럼 뭔가 특별한 공부법이 있을지도 모른다. 그렇지만 나는 공부 잘하는 아이들의 "교과서로 공부했어요."라는 대답이 전혀 틀린 말은 아니라고 생각한다.

　교과서는 학습에 필요한 모든 교재 중에서 기본이 되는 책이다. 훌륭한 건축가가 든든한 기초 위에 좋은 재료로 멋진 건물을 짓듯이, 공부 잘하는 아이들은 교과서로 단단히 기초를 쌓고 그 위에 다양한 독서와 자기만의 공부법 등을 더해 훌륭한 성과를 이루어 낸다. 만약 이들이 교과서를 외면했다면, 단언컨대 이처럼 좋은 결과를 얻지는 못했을 것이다. 왜냐하면 교과서는 전 학년에 걸쳐 체계적인 짜임을 갖고, 배워야 할 내용을 단계적으로 적절한 방법에 따라 배울 수 있게 만들어진 최적의 교재이기 때문이다. 그러므로 교과서를 빼고서는 어떤 내용을 얼마나 깊이 있게 공부해야 할지, 효과적으로 공부하기 위해 무엇을 준비해야 할지 알 수 없다.

[교과서를 안 읽은 아이들이 하는 말]

새 학기가 되면 여지없이 학교에서는 아이들에게 교과서를 나누어 준다. 2009년부터 새로 바뀐 교과서는 그 전 교과서에 비해 아이들 마음에도 쏙 들게 만들어져 있다. 화려하고 선명한 그림이 시선을 사로잡고, 스티커로 붙였다 뗐다 하며 재미있게 공부할 수 있게 구성했다. 물론 내용도 꽤 많은 부분이 보완되어 아주 훌륭하다. 그런데 어찌 된 일인지 우리 아이들은 교과서와 그다지 친하지 않다. 오히려 교과서를 보며 이런저런 불평을 늘어놓는다. 다음은 교과서를 안 읽는 아이들이 주로 하는 말이다.

(1) 모두 중요한 것 같아서 무엇이 중요한지 판단하기 어렵다

아이들에게 "공부할 때 왜 교과서를 보지 않니?"라는 질문을 하자, 처음에는 "그냥.", "교과서는 학교에 두고 다녀요." 하며 성의 없는 대답이 돌아왔다. 그래서 "교과서는 아주 중요한 책이야. 공부할 때는 다른 책보다도 교과서를 우선으로 해야 더 공부하기가 편해." 하고 말해 주면, 불만 가득한 표정으로 이렇게 대답한다. "교과서를 보면 그 안에 있는 내용이 다 중요한 것 같아서 오히려 공부하기가 더 어려워요. 그 대신 중요한 것들만 골라서 일목요연하게 정리해 놓은 문제집이나 참고서를 보는 것이 공부할 때 더 좋아요."

하지만 그렇게 말하는 아이들이 과연 문제집이나 참고서를 자기들이 말한 것처럼 잘 이해하고, 잘 활용하고 있을까? 그렇지 못하다.

(2) 참고서도, 문제집도 이해가 안 간다

아이들은 교과서 대신 참고서와 문제집을 이용해 효과적으로 공부하고 있을까? 아이들이 말한 대로 그것들이 중요한 내용을 일목요연하게 정리해 놓아 보기 편하다면, 그것만 보고도 학습 과정을 충분히 이해할 수 있어야 한다. 그런데 참고서와 문제집 예찬을 늘어놓던 아이들에게 요약된 내용을 보고 "무슨 말인지 네가 이해한 대로 얘기해 볼래?"라고 물으면, 다들 잘 모르겠다고 대답한다. 그 이유가 뭘까? 그것은 머리, 꼬리 다 자른 생선을 보고 무슨 생선인지 알아맞히는 것과 같다. 왜냐하면 아무런 설명 없이 문제집이나 참고서에 적힌 교과서 속 엑기스 내용만 봐서는 제대로 이해하는 데 한계가 있기 때문이다.

하지만 교과서를 보고 서툴더라도 직접 요약을 해 본 사람은 핵심 내용만 보고도 그것을 이해하는 데 어려움이 덜하다. 왜냐하면 자기가 스스로 중요한 것을 찾는 과정에서 무엇이 중요한지, 아닌지 고민하게 되고, 그러면서 내용 이해를 위한 어느 정도의 정보를 기억하기 때문이다.

당연히 교과서에는 중요한 내용과 비교적 덜 중요한 내용이 섞여 있다. 이 중에서 중요한 것을 고르는 능력이 공부를 잘하는 데 필수적인 능력이다. 하지만 처음부터 교과서를 보자마자 그것을 잘 골라내는 아이는 드물다. 천천히 어떤 것이 중요한지, 왜 중요한지 판단하는 방법을 익혀야 한다. 그런데 안타깝게도 우리 아이들에게 그것을 가르쳐 주는 사람이 그다지 많지 않다. 또 그러한 방법을 배우려는 아이들 역시 별로 없다.

　아이들이 스스로 교과서에서 꼭 필요한 내용을 고르는 과정을 경험하고 그것을 참고서 등과 비교해 보는 과정을 거치도록 도와주어야 한다. 그러면 지금까지 교과서를 멀리했던 아이라도 차츰 교과서에 손이 갈 것이다.

(3) 배우지도 않았는데 시험에 나왔다

　교과서는 학교 수업 시간에나 잠깐 폈다 덮는 것이라고 여기는 아이들이 꽤 많다. 학년이 올라가 중학생이 되면 그나마 수업 시간에도 교과서를 책상 한 귀퉁이에 장식용으로 밀어 두는 경우가 많다. 주로 선생님이 나눠 준 교과서 요약 프린트 등에 의존해서 수업하기 때문이다. 한 중학교 교사 말에 의하면, 교과서로 수업을 하면 아이들이 지금 설명하는 부분이 어디쯤인지도 모르고, 중요하다고 이야기해도 받아 적는 아이가 드물다고 한다. 그래서 어쩔 수 없이 "어디서부터 어디까지가 중요하니 표시하라."고 한단다. 프린트를 나누어 주는 이유는 교과서 내용 중 중요한 것들에 괄호를 쳐 놓고, 빈칸을 채워 넣게 해야 답을 찾기 위해 교과서를 뒤적이기 때문이라고 했다. 왜 교사들이 아이들에게 직접 정리하고, 요약하게 하지 않는지 그제야 이해가 갔다. 그러나 그럼에도 불구하고 대부분의 아이들은 교과서를 제대로 읽지 않는다. 일부 아이들이나 교과서를 들춰 가며 빈칸을 채울 뿐이고, 대부분은 다른 친구들의 답을 베껴 내기 바쁘다.

　이처럼 학교에서도 교과서를 홀대하는데, 집에서인들 읽어 보겠는가. 그러면서 시험을 앞두고 "교과서를 꼼꼼히 읽고 문제 풀어 봐."라고 하면 '문제집에 교과서 내용이 안 나온다'고 화를 내고, 시험을 본 후에는, '배우지 않은 것이 출제되었다'고 오히려 큰소리를 친다.

 내 아들도 중학교 1학년 때 사회 시험 공부를 한다더니 문제가 어렵다는 둥, 책에는 나오지도 않는 걸 문제로 냈다는 둥 징징거리며 불평했다. 그때 나는 아이에게 교과서를 꼼꼼히 읽는 방법을 알려 주며 같이 교과서를 읽어 보았다. 그제야 아이는 문제집에 나온 문제가 교과서를 바탕으로 출제되었고, 또 아주 좋은 문제라는 걸 알았다.

2 외면받는 교과서

[아이가 교과서를 안 보는 것은 부모 탓이다]

"아니, 도대체 그동안 뭘 배웠니?"
"공부 했다더니 왜 이렇게 아는 것이 없어?"
"금방 가르쳐 줬는데 왜 틀리니? 모르는 거니, 반항하는 거니?"
"이까짓 거 하는데 왜 몇 시간씩 걸리니?"
"시험이 며칠 안 남았는데 어쩔 거니?"

책상 앞에서 엄마와 아이 사이에 혈투가 벌어지고 있다. 붉으락푸르락하는 엄마와 잔뜩 주눅 든 아이. 문제집 한 권을 앞에 두고 아이와 엄마가 시험 공부를 하는 풍경이다. 엄마가 보기에 아이는 내일 모레가 중간고사인데, 뭐 하나 확실히 알고 있는 것이 없다. 안 되겠다 싶어 아이를 붙잡아 앉히고 문제집 한 편의 요약 부분을 설명해 준다. 알아들었다고 생각해 문제를 풀게 하면, 꼭 몇 개씩 틀려 속을 뒤집어 놓는다. 공부만 아니라면 엄마가 아이를 보며 험악한 인상을 쓸 일도 없다. 건강하고 씩씩하게 잘 자라 주는 것만도 감사할 일이라고 생각하면서도, 자꾸만 아이와 성적 때문에 다투고 만다.

부모라면 누구나 내 아이가 자기 스스로 공부를 척척 해냈으면 하고 바란다. 그러나 그러한 부모들의 바람에 부응하는 아이가 세상에 과연 몇이나 될까?

교과서를 중요하게 생각하지 않는 것은 부모도 마찬가지다. 부모들은 문제집이나 참고서 따위를 학습 종합 선물 세트쯤으로 생각한다. 교과서 내용 중에서 중요한 것만 간추렸으니, 따로 핵심 내용을 추리는 수고를 안 해도 되고, 교과서에는 없는 참고 내용이 꽤 실려 있는 데다, 문제 풀이까지 시킬 수 있으니 말이다. 그래서 문제집이나 참고서만 있으면 교과서는 없어도 된다고 여긴다. 심지어 어떤 부모는 매일 아침 아이들이 학교 가기 전에 30분씩 전과를 읽게 지도한다고 한다. 매일 아침 공부하는 습관을 들이고, 학교에서 배울 내용을 예습해 수업을 잘 듣게 하기 위해서란다. 그런데 막상 매일 아침 전과를 읽는 아이의 반응은 엄마가 기대한 바와는 전혀 달랐다. 전과는 너무 어려워서 봐도 무슨 말인지 모르는데, 안 읽으면 엄마에게 혼나기 때문에 억지로 읽는다는 것이다.

공부를 처음 시작하는 단계인 초등학교 때 학교 선생님과 더불어 학습 습관을 형성하는 데 가장 큰 영향을 미치는 사람이 바로 부모다. 그런데 그 부모가 교과서보다는 유명 참고서나 문제집으로 학습하는 것을 더 선호하니, 아이들도 공부는 당연히 '문제집 푸는 것'으로 여기게 된다. 결국 자연스럽게 교과서와는 점점 멀어지는 것이다.

[왜 부모는 교과서를 외면하나?]

그럼 왜 부모들은 자녀의 학습을 위해 교과서보다 참고서, 프린트나 학원 교재를 더 선호하는 걸까? 그것은 몇 가지 오해에서 비롯되었다. 나는 한 대학 평생 교육원에서 부모들을 대상으로 '우리 아이 교과서 학습하기', '교과서 학습 코치' 과정을 몇 년째 강의하고 있다. 이 강의를 시작할 때 나는 꼭 수강자를 대상으로 몇 가지 질문을 한다. 그중 '자녀의 교과서를 꼼꼼히 보고 있나?', '자녀의 학습 지도를 할 때 교과서가 아닌 다른 교재를 선택하는 이유는 무엇인가?'라는 질문에 대한 부모들의 답변을 정리해 보면 아래와 같다.

> 자녀의 학습 지도를 할 때 교과서가 아닌 다른 교재를 선택하는 이유는 무엇인가?
>
> - 교과서만으로는 내용이 부족하다. (21%)
> - 문제집은 중요한 것을 잘 간추려 놓았기 때문에 보기 편하다. (23%)
> - 시험 준비하기에는 문제집이 편하다. (34%)
> - 기타 의견 (아이가 교과서를 학교에 두고 다닌다 등) (12%)

(1) 교과서만으로는 내용이 부족하다

교과서 학습 코칭 강의를 하던 중 한 부모로부터 질문을 받았다.

"선생님, 교과서는 너무 내용이 부족하지 않나요? 선배 엄마들 얘기를 들어 보니까 교과서만으로는 제대로 공부할 수 없으니까 참고서를 봐야 한다고 하던데요."

"아이의 교과서를 꼼꼼히 읽어 보셨나요? 혹시 선배 엄마의 얘기만 듣고 바로 참고서를 구입하시지는 않았나요?"

이것이 그 부모의 질문에 대한 나의 답이다. 왜냐하면 2009년부터 순차적으로 개정된 교과서는 과거 교과서에 비해 텍스트의 비중이 많이 늘었을 뿐만 아니라 단원마다 어떤 내용을 어떻게 학습할 것인지 한눈에 볼 수 있도록 안내하고 있다. 그렇기 때문에 교과서를 한 번쯤 꼼꼼히 보았다면 그와 같은 질문은 하지 않을 거란 생각에서다.

물론 교과서가 참고서에 비해 내용이 적은 것은 사실이다. 그렇다고 아이가 교과서 내용을 제대로 읽고, 이해하지도 못했는데 덥석 참고서를 안겨 준다면 아이의 부담만 가중시킬 뿐이다. 아이가 교과서 내용을 완전히 이해한 후에, 더 깊이 있는 정보와 참고 자료를 보여 주는 것이 순서다. 교과서도 제대로 읽지 않은 상태에서 참고서를 보게 한다면 무엇이 반드시 익혀야 할 내용이고, 무엇이 참고 삼아야 할 내용인지 분간하기 어렵다. 부모 역시 참고서를 먼저 보면, 이것도 중요한 것 같고 저것도 꼭 봐야 할 것 같아서 아이의 부담만 가중시키고 반드시 봐야 할 것을 놓치는 경우가 많다. 참고서는 어디까지나 참고서라는 것을 잊지 말아야 한다. 교과서를 숙지한 후 이해를 돕기 위해서 참고서를 활용하는 것이 순서다.

(2) 문제집은 중요한 것만 잘 간추려 놓았기 때문에 보기 편하다

부모들이 문제집을 교과서보다 선호하는 까닭은 아마도 아이가 아니라 부모가 보기에 편하기 때문일 것이다. 사실 부모라 하더라도 아이의 교과서를 보고 어떤 것이 '딱' 중요한 것인지 구분하기 어려울 때가 있다. 문제집을 보면 문제를 보여 주기 전에 교과서 내용을 간추려 놓았는데, 그것을 보면 '아, 이것만 알면 되겠구나.' 라는 안도감이 생긴다. 그런데 문제는 부모가 요약된 것을 보고 이해하는 수준과 아이가 그것을 보고 이해하는 수준은 하늘과 땅 차이라는 것이다. 부모는 이미 초등학교 수준의 교과 내용을 잘 알고 있기 때문에 핵심만 봐도 무슨 말인지 다 알 수 있다. 그러나 아이들은 부모처럼 이미 알고 있는 것을 바탕으로 보는 것이 아니다. 그렇기 때문에 요약된 것만 봐서는 도대체 무슨 말인지 알 수 없다. 그래서 시험을 앞두고 문제 풀이를 할 때면 어쩔 수 없이 부모가 개입해서 일일이 설명해 주는 사태가 벌어지는 것이다.

또한, 부모는 당연히 아이가 자신의 설명을 다 알아들었다고 생각하지만, 꼭 그렇지만도 않다. 분명히 어제 내가 설명해 주었는데도, 아이는 시험 문제를 틀린다. 그럼 부모는 "너 이 문제 다 아는 거잖아. 알면서 왜 틀렸어?" 하고 묻는다. 하지만 아는 사람은 아이가 아니라, 어제 열심히 설명한 부모다.

부모가 보기 편한 교재가 아니라 아이가 잘 이해하고 제대로 공부할 수 있는 교재를 선택해야 한다. 이 책임은 어디까지나 부모에게 있다는 것을 잊지 말자.

(3) 시험 준비하기에는 문제집이 편하다

> 미연이는 교과서 중심 공부법을 배우고 있는 중학교 2학년 학생이다.
> 하루는 미연이가 "선생님, 교과서로 시험 공부한다니까 애들이 저보고 이상한 애라고 했어요."라며 걱정스러운 투로 말했다.
> 나는 미연이에게 단호하게 한마디 했다.
> "네 공부 방법이 맞아!"

시험을 앞두고 공부하는 아이들을 보면 교과서보다는 문제집을 선택해 공부하는 아이들이 많다. 아이가 초등학생이라면 부모가 문제집을 몇 권 사 주고 이것을 풀어야 한다고 했을 가능성이 높다. 이렇게 문제집을 풀어야 시험 공부를 하는 것이라고 배워 온 아이들은 중·고등학교에 올라가서도 역시 이런 식으로 공부를 한다. 하지만 이렇게 공부하는 것은 아주 위험하다. 실제로 학원가에서는 시험 때가 되면 각 학교의 기출문제, 실력 평가 문제 등을 모아 두껍게 엮어 학생들에게 주고 풀도록 한다. 이것을 푸느라 아이들은 눈이 빨개질 정도로 애쓰고 또 애쓴다. 그러나 이렇게 공부해도 성적이 기대만큼 나오는 아이는 드물다. 그 이유는 공부의 순서가 바뀌었기 때문이다. 문제는 충분히 내용을 이해한 후, 잘 이해하고 있는지 확인하기 위해 풀어야 한다. 그래야 문제 푸는 과정에서 잘 모르거나 틀린 것이 있을 때 내가 왜 이 문제에서 틀렸는지, 어느 부분을 잘 모르고 있었는지를 알아볼 수 있다. 그런데 그 과정 없이 문제만 많이 풀 경우에는 실력은 나아지지 않고, 틀린 문제를 계속해서 틀리는 오류를 범하게 된다. 문제를 많이 풀면 '아, 나 이만큼 풀었으니 학교 시험도 이 범위를 벗어나지 않을 거야.' 하며 심리적으로 만족감은 느낄지 모르지만, 정작 실력이 만족스러운 것은 아니라는 걸 알아야 한다.

무작정 문제를 많이 푸는 것보다 교과서를 충분히 읽고 단원 마무리 단계에 제시되는 확인 학습 문제를 스스로의 힘으로 풀어 보는 것이 더 효과적인 시험 공부 방법이다. 그것을 혼자 해결할 수 있다는 것은 그 단원에서 학습자에게 요구하는 목표를 달성했다는 의미이기 때문이다. 어떤 시험 문제도 학습 목표를 벗어나지 않는다는 것을 명심하자.

(4) 교과서를 학교에 두고 다닌다

어떤 부모는 요즘 아이들이 교과서를 학교 사물함에 넣고 다니기 때문에 아예 교과서를 본 적이 없다고 한다. 아이들에게 교과서를 사물함에 넣고 다니는 이유를 물으면, 책이 너무 무겁기 때문이라고 한다. 그렇다. 교과서가 무겁기는 하다. 아이러니하게도 교과서를 너무 잘 만들어서, 질이 좋은 종이를 쓰다 보니 교과서 한 권의 무게가 아이들 말로 장난이 아니다. 정 가지고 다니는 것이 어렵다면 선배들의 책을 물려받아 집에도 한 권 마련해 두자. 부모도 아이의 교과서를 보고 학교에서 무엇을 어떻게 가르치는지 알아야 하고, 아이 역시 교과서랑 친해져야 할 필요가 있기 때문이다. 그러나 이것은 어디까지나 차선책이고, 나는 교과서가 무겁더라도 들고 다닐 것을 강력히 권장한다.

학교에서 공부한 교과서를 봐야 우리 아이가 제대로 학습하고 있는지, 선생님은 어떻게 가르치고 있는지, 무엇을 중요하게 여기는지 확인이 가능하다. 학교에서 공부한 책을 가져오지 않으면 교과서에 낙서가 가득한지, 아예 아무것도 안 써져 있는지, 학습 문제는 제대로 풀고 있는지 확인할 길이 없다.

혹시 내가 아이들이 학교에 교과서를 두고 다니는 것을 눈감아 주는 이유가 공부할 때 교과서가 '꼭 필요한', '중요한' 교재라는 인식이 없기 때문이 아닌가 생각해 보자. 그렇기 때문에 시험을 앞두고도 "오늘은 교과서 꼭 가져와."라는 말조차 하지 않는 것은 아닌지 말이다. 학교에 가기 전에 교과서를 펼쳐 예습하고, 궁금한 것을 표시해 간다면, 수업에도 적극적으로 임할 수 있을 것이다.

3 이젠 교과서를 읽자!

앞서 질문한 '자녀의 학습 지도를 할 때 교과서가 아닌 다른 교재를 선택하는 이유는 무엇인가?'에 대한 답을 종합해 보면, 많은 부모들이 교재에 대해 특히, 교과서에 대해 크게 오해하고 있다는 걸 알 수 있다. 이제부터라도 교과서가 어떤 책인지, 왜 좋은지 제대로 알고 자녀의 학습을 지도할 때 잘 활용해야겠다. 그래야 아이가 가장 쉽고 좋은 교과서를 이용해 효과적으로 공부하는 방법을 터득할 테니 말이다.

(1) 읽을 양이 많지 않고 어렵지 않아 부담이 적다

앞서 새로 개정된 교과서는 그 전에 비해 텍스트가 많이 보완되어 읽을거리가 제법 있다고 말했다. 하지만 내용이 버거울 만큼 많다는 것은 아니다. 꼭 필요한 내용을 아이들이 충분히 읽고 학습 내용을 이해할 수 있을 만큼의 수준이라고 생각하면 된다.

(2) 무엇을 공부해야 할지 확실히 알 수 있다

교과서를 효과적으로 읽는 방법에 대해서는 따로 지면을 할애해 말하겠지만, 교과서를 보면 한 단원을 시작하기 전에 무엇을 배울 것인지, 이 단원에서 무엇을 아이들이 확실히 익혀야 하는지 안내하고 있다. 이른바 학습 목표이다. '학습 목표'라고 언급해 놓지는 않았지만 '＊＊을 알 수 있다.' 거나 '＊＊을 알아보자.' 는 것이 바로 그 단원의 학습 목표라 할 수 있다. 학습 목표를 확실히 파악했다면, 무엇이 중요하고 어떤 것이 보충 설명인지 내용을 구분하는 것도 충분히 가능하다.

(3) 최고의 집필진이 만든 최고의 교재

교과서는 누가 만드나? 교과서 맨 뒷면을 보면 연구진, 집필진, 심의진과 같이 그 교과서를 만드는 데 어떤 사람들이 참여했는지 소개하고 있다. 각 과목별 최고의 전문가들이 수년간 연구했으며, 실제 초등학교에서 학생들을 가르치고 있는 교사와 교육 대학의 교수들이 집필하고, 그 내용을 심의한 후 한 권의 교과서가 탄생된다. 교과서가 개정되는 과정을 보자. 교과서를 새로 만들었다고 바로 학생들이 그 교과서로 배우는 것이 아니라, 1년간 실험 학교를 선정해 그 내용으로 교육해 본 후 수정·보완 작업을 거친 후에야 전국의 학생들에게 배부된다. 그 어떤 교재가 이 정도의 전문가들이 이 정도의 품을 들여 만들겠는가? 물론 지금의 교과서가 100% 완벽하다고 할 수는 없다. 하지만 전 학년에 거쳐 배울 내용의 계열성과 아이들의 발달 수준에 맞는 난이도, 그 속에 들어가는 텍스트 선정 등에서 교과서를 따라올 교재는 없다.

이렇게 좋은 교재를 국가에서 거저 준다. 얼마나 고마운 일인지 모른다. 그런데 무슨 심리인지 자꾸 비싼 교재를 사느라 주머니를 터는 부모를 보면 안타깝다. 게다가 문제집, 참고서 등을 사서 본전 뽑을 만큼 활용하는 아이나 부모는 몇 안 된다. 학습을 위한 여러 교재가 있지만 당연 교과서를 우선으로 공부해야 한다.

(4) 교과서를 벗어난 시험 문제는 없다

교사는 수업 시간에 교과서를 매개로 학생들과 수업을 한다. 교과서를 펼치고 이번 시간에는 교과서 몇 쪽의 어떤 내용을 배운다는 말과 함께 수업이 시작된다. 그리고 교과서 안에 있는 내용을 아이들이 가장 잘 이해할 수 있는 여러 방법을 동원해 수업을 하게 된다. 교사가 학생들에게 수업 시간에 가르친 내용은 교과서 범위를 넘어서지 않는다. 교과서는 수업할 때 가장 중요한 지침이기 때문이다. 교사는 어떤 내용을 어느 정도의 난이도로 가르쳐야 할지에 대한 기준을 교과서에 두게 마련이다.

시험이란 것은 학습 목표를 어느 정도 달성했는가를 확인하는 평가 과정이다. 그렇기 때문에 교사가 학습 목표에 방향을 두고 수업한 내용을 시험 문제로 낼 수밖에 없다. 그러니 교과서만 꼼꼼히 읽고 완벽하게 이해한다면, 어떤 문제가 나온다고 하더라도 겁낼 것이 없다. 교과서를 벗어난 시험 문제는 절대 없다.

(5) 교과서 없는 문제집은 무용지물이다

어떤 부모는 자녀가 문제집을 여러 권 풀었고, 아주 열심히 공부했는데 성적이 신통치 않아 걱정이라고 하소연한다. 아이도 열심히 노력하는데 성적이 잘 안 나오니 얼마나 속상하겠냐며 안타까운 부모의 심정을 토로한다.

그런데 그 아이가 어떻게 공부하는지 살펴보면 성적이 기대한 만큼 나오지 않는 이유를 분명히 알 수 있다. 시험 공부를 한다는 아이가 아예 교과서는 쳐다보지도 않았다. 바로 그것이 문제집을 여러 권 풀면서 아주 열심히 공부했는데도 불구하고 성적이 신통치 않은 원인이었다. 그 아이가 풀었다는 문제집을 보면서 틀린 문제들을 찾아보았다. 그랬더니 한 문제집에서 틀린 문제와 비슷한 것들을 다른 문제집에서도 똑같이 틀렸다는 걸 알게 되었다. 잘 모르는 문제, 틀린 문제에 대한 확인 학습 없이 무작정 문제를 많이 푸는 것은 아주 잘못된 공부 방법이다. 만일 내 아이도 사례의 아이와 비슷하다면, 아이가 푼 여러 권의 문제집에서 틀린 문제들을 한 번 비교해 보자. 왜 교과서를 보지 않고 문제집 여러 권 푸는 것이 효과가 없었는지 그 이유를 알 수 있을 것이다.

문제집은 아이가 교과서 내용을 어느 정도 잘 알고 있는지를 확인하는 하나의 수단이라고 여겨야 한다. 문제 풀이를 통해 무엇을 알고, 무엇을 잘 알지 못하는지 확인하기 위해 문제집을 활용해야 한다. 교과서는 쳐다보지도 않은 채 문제부터 푼다면 아이의 학습 정도를 제대로 평가해 볼 수 없다. 시험 공부를 할 생각이라면 교과서를 몇 번 꼼꼼히 읽어 본 후, 한 권의 문제집을 완벽하게 풀어 보는 것이 바람직하다. 문제집 한 권으로 뭔가 부족하다고 느낀다면 물론 더 많은 문제집을 풀어 볼 수는 있겠지만, 그 역시 교과서 공부가 우선이다. 처음부터 문제집을 몇 권씩 푸느라 쩔쩔매는 것보다 교과서 읽기가 끝난 후 문제집을 푼다면 서너 권도 가볍게 풀어 낼 수 있다. 아이는 교과서를 통해 문제 풀 준비를 끝마친 상태이니까 말이다.

4
교과서 읽기 기초 체력 갖추기

올해 중학교에 입학한 신영이는 매일 새벽 2시까지 공부한다. 그렇다고 공부량이 엄청 많은가 하면 그렇지도 않다. 그렇게 늦게까지 공부하는데 공부량이 얼마 안 된다니 무슨 말일까? 신영 엄마는 신영이에게 주요 과목의 교과서를 요약하라고 주문했는데, 신영이가 그것 때문에 늦게까지 쩔쩔맨다는 것이다. 그렇게 정리한 내용도 뭐가 뭔지 알 수 없게 해 놓는데, 엄마가 보기에 교과서 내용을 전혀 이해하지 못한 것 같다고 한다. 신영이 엄마의 말이 맞다. 요약은 기본적으로 글을 잘 읽어 내는 능력이 있어야만 가능하다. 특히, 교과서는 학생들에게 지식을 전달하기 위한 목적으로 만들어진 책이기 때문에 내용이 어렵고 딱딱하다. 그것을 읽고 어떤 내용인지 충분히 이해가 되어야 비로소 무엇을 골라 요약할 것인지를 판단하고 정리가 가능하다. 게다가 신영이는 중학생이다. 초등학교 교과서는 그나마 읽어야 할 내용이 그리 많지 않지만 중학교만 가도 글자 크기가 작고, 내용도 많아서 그것을 스스로 읽고 이해한다는 것이 쉬운 일이 아니다.

사실 교과서를 읽어 낼 수 있는 능력은 초등학교 6년 동안 이미 다 배웠다. 하지만 실제로 그 능력을 제대로 갖추고 있는 학생은 얼마 안 된다. 그렇다고 중학교 선생님이 '너희들이 초등학교 때 배웠더라도 잘 모를 테니 교과서 읽는 방법을 가르쳐 주마.'고 하지는 않는다. 그런데 중학교 교과서는 초등학교 6학년 교과서에 비해 더 어렵다. 그러니까 아무리 늦어도 아이가 초등학교를 졸업하기 전까지는 중학교 교과서를 읽어 낼 수 있을 만한 읽기 능력을 갖추도록 신경 써야 한다.

막 중학교에 입학한 아이의 사례를 봐서도 알겠지만 교과서를 잘 읽어 내려면 그 정도의 읽기 능력을 갖추고 있어야 한다. 교과서로 공부하고 싶은 마음이 굴뚝같아도 읽고 나서 그게 무슨 말인지 알지 못한다면 아무 의미가 없다. 만일 공부량에 비해 학교 성적이 현저히 낮다면, 자기 학년의 교과서를 읽어 낼 능력이 없다고 보아도 무방하다.

우리는 적어도 내 아이가 자기 학년의 교과서 정도는 읽고 이해할 능력을 갖추도록 준비시켜야 한다. 그럼 어떻게 하면 좋을까? 읽기 능력을 하루아침에 쑥 키울 수는 없다. 대신 긴급 처방을 할 수는 있다. 글을 읽을 아주 기본이 되는 배경지식과 어휘력을 쌓도록 한다. 그리고 교과서를 읽을 때 연필을 들고 메모하며 읽는 방법을 익히도록 하자.

[어휘력 기르기]

글은 낱말의 나열이다. 그렇기 때문에 낱말의 의미를 모른다면 글을 읽을 수 없는 것은 당연하다. 보통 낱말 공부는 국어 시간에나 하는 것으로 여기는데, 어휘력이 부족하면 모든 과목의 학습을 하는 데 심각한 문제를 유발한다. 다음은 4학년 사회 교과서 내용 중 일부다.

> 자신이 어떤 후보를 선택했는지 비밀이 보장됩니다. 선거에 출마한 후보자들은 법에 따라 공정한 선거 운동을 통하여 주민들에게 자기를 지지해 줄 것을 부탁합니다. 지역 사람들은 우리 지역의 발전을 위해서 어떤 후보자가 적합한지 정당, 공약 등 다양한 기준을 고려하여 선출합니다.
>
> (4학년 1학기 사회 14쪽)

4학년 학생 중 '정당', '공약', '선출' 등의 어휘를 잘 알고 있는 아이는 많지 않다. 하지만 이 말들을 몰라서는 학습을 하기 어렵다. 사회, 과학을 비롯해 모든 과목의 교과서를 읽고 이해하기 위해서는 어휘력을 든든히 해야 하는 것은 기본 중의 기본이다.

시험을 볼 때도 어휘력이 부족하면 문제를 이해하고 정답을 고르는 데 걸림돌이 된다. 심지어는 시험을 풀기 위한 지식이 있다 하더라도 정확한 답을 고르지 못해 틀리는 경우도 상당하다. 한 초등학교 교사의 말에 의하면, 저학년의 경우 시험 중에 문제에 나오는 낱말의 뜻을 질문하기도 한다고 한다.

다음은 초등학교 5학년인 민성이가 학교에서 본 국어 시험 문제 중 하나다.

'성철이는 그동안 결석 한 번, 지각 한 번 하지 않은 아이입니다'라는 말로 보아 성철이는 어떤 성격의 아이인가요?

① 성실하다 ② 예의 바르다 ③ 친구를 좋아한다 ④ 부지런하다 ⑤ 착하다

민성이는 이 문제의 답을 '④ 부지런하다'로 골랐다. 그 이유를 묻다 보니 민성이가 '성실하다'라는 낱말의 뜻을 모르고 있다는 걸 알 수 있었다. 그래서 그나마 정답에 근접한 '부지런하다'를 답으로 고른 것이었다. 이렇게 어휘력이 떨어지면 무엇인지는 알고 있지만 올바른 답을 고르지 못하는 경우가 생긴다. 이럴 때 아이와 부모는 아는데 틀렸다며 아깝다고 하지만 이것은 아는 것이 아니라 모르는 것이라는 걸 인정하고 얼른 '아, 어휘력을 길러야겠구나.'라고 생각해야 한다.

그럼 이 중요한 어휘력을 어떻게 키워야 할까? 우선 어휘력을 키우는 가장 좋은 방법은 책을 많이 읽는 것이다. 모르는 낱말이라고 하더라도 문장 안에서 7번 이상 노출되면 그 낱말의 의미를 알 수 있다고 한다. 그런데 당장 어휘력이 부족해서 시험 문제를 틀리고, 교과서를 잘 읽지 못하는 아이에게 언제 책을 그 정도로 많이 읽혀서 어휘력을 기른단 말인가. 그래서 나는 평소 책을 읽을 때, 뉴스를 듣거나 어른들이 하는 말을 들을 때 항상 모르는 말이 있으면 주저하지 않고 물어보고, 찾아보는 습관을 들이라고 한다. 교과서 속 모르는 말은 반드시 찾아 따로 낱말을 익히라고 권한다. 보통 부모들은 교과서의 낱말 공부는 학교에서 시키고 있는 것으로 알고 있지만, 그것만

으로는 충분하지 않다. '충분치 않다'는 것이 무슨 의미인지 예를 들어 보겠다. 읽기 교과서를 보면 어려운 단어 몇 개를 골라 하단에 뜻을 알려 주고 있다. 글을 읽다가 모르는 말이 나왔을 때 그 뜻을 알아가며 읽었다고 해서 그 낱말을 알게 된 것은 아니다. 낱말 실력, 즉 어휘력은 얼마나 많은 어휘에 대한 지식이 있는가 하는 것도 의미가 있지만, 그 어휘를 어느 정도 깊이 있게 알고 있는지가 더 중요한 잣대가 된다. 더불어 어휘력은 낯선 어휘가 있을 때 내가 알고 있는 모든 지식, 그리고 앞뒤 문맥 등을 총동원해서 그 뜻을 유추해 내는 능력을 포함한다. 단순히 어려운 낱말의 뜻을 책 하단에 적어 놓는 정도로, 또는 어려운 낱말의 뜻을 찾아보는 정도로 충분한 어휘 공부가 되는 것이 아니다. 그럼 교과서에서 낯선 낱말을 골랐다면 어떻게 익혀야 어휘력을 쭉쭉 키울 수 있는지 알아보도록 하자. 어휘를 익히는 과정은 일반적으로 다음과 같은 단계를 거친다.

(1) 낯선 낱말 찾기

어휘력 기르기의 첫걸음은 낯선 낱말, 모르는 낱말을 찾는 것에서부터 시작한다. 당연한 말을 굳이 하는 이유는 글 속의 모르는 낱말을 그냥 지나치는 아이들이 생각보다 꽤 많기 때문이다. 학생들에게 "얘들아, 책을 읽다가 모르는 말이 있으면 꼭 찾아오너라." 하고 말하면 많은 아이들이 모르는 말이 없다고 답한다. 한번은 중학교 1학년 학생에게 관심 있는 신문 기사를 읽고 모르는 말에는 표시해 오라고 한 적이 있다. 그 학생은 아주 작게 난 연예인 기사를 오려 왔는데 모르는 말이 하나도 없다고 했다. 그런데 가만히 보니 좀 어려운 말이 몇 개 있기에 골라서 물어봤더니 "어? 아까는 없었는데."라며 처음 본다는 표정을 지었다. 이상한 일이다. 어째서 학생이 읽을 때는 안 보이던 낱말이 교사가 볼 때는 툭 튀어나오는 걸까? 그건 그 친구가 신문 기사를 읽었다고는 하나 읽지 않은 것과 같기 때문이다. 글을 제대로 읽었다면 낯선 말이 있다는 자체를 모를 리 없다. 이렇게 아이들은 글 속에서 낯설고 어려운 말, 모르는 낱말을 제대로 골라내지 못한다. 그래서 자꾸 "어려운 말이 있는지 찾아가며 읽어라."라고 깨우쳐 주어 습관화되도록 해야 한다.

또 아이가 모르는 낱말에 관심을 갖게 되었다면 알아야 할 낱말을 잘 고를 수 있도록 신경 써 지도해야 한다. 초등 저학년 같은 경우는 문장의 줄 바뀜으로 한 낱말이 둘로 갈라졌을 때, 또는 접미사나 조사 같은 것을 구분하지 못하고 하나의 낱말로 여겨 모른다고 묻는 경우도 있다. 예를 들면, '호랑이가 나타나 소와 돼지를 잡아갔다.'는 문장을 읽고 '소와'가 뭐냐고 묻는 아이도 있었다. 아마 문장의 줄이 바뀌지 않았다면 '소와 돼지'로 읽고 '소와'를 묻지 않았을지도 모른다. 또 어떤 아이는 '열심히 거름을 주었더니 조며, 수수며, 콩이 잘 여물었습니다.'(똥벼락/사계절, 18쪽)라는 문장에서 '조며'가 무슨 말인지 모르겠다고 한 아이도 있었다. 초등 저학년다운 귀여운 질문이다. 저학년 때는 이런 실수를 하지 않고 모르는 낱말에 관심을 갖도록 지도하고, 점차 고학년이 되면 관련 단어들을 묶어서 그 의미를 알아 가도록 일러 준다.

(2) 낱말의 의미 예측하기

글을 읽다가 낯설거나 모르는 낱말이 발견되면 바로 그 뜻을 사전에서 찾기보다는 그 낱말이 포함되어 있는 문장과 앞뒤 문장을 읽고 글에서 어떤 뜻으로 사용되었는지 예측해 보는 것이 좋다. 낱말이 문장을 구성하는 요소인 만큼 낯선 낱말이 포함된 문장의 앞뒤를 잘 읽어 보면 그 낱말이 어떤 뜻으로 쓰였는지 대강 짐작이 가능하다. 일련의 이런 과정을 통해 모르는 낱말이 있다 하더라도 글을 읽어 가면서 그 뜻을 알게 되어 스스로 어휘력을 확장시킬 수 있게 된다.

(3) 예측한 뜻을 낱말 대신 넣어 뜻이 통하는지 보기

낱말의 뜻을 예측했다면 그 예측한 뜻이 통하는지 낱말 대신 뜻을 넣어 글을 읽어 본다. 그런데 뭔가 뜻이 통하지 않는다면 그 낱말이 내가 생각한 뜻으로 쓰인 것이 아니니 정확한 뜻을 사전에서 찾아보도록 한다.

(4) 낱말의 정확한 뜻을 사전에서 찾아 확인하기

내가 예측했던 뜻이 틀렸다거나, 전혀 모르겠다 싶은 말이 있다면 당연히 사전을 찾아 정확한 뜻을 알아야 한다. 그런데 사전을 이용해 낱말의 뜻을 찾을 때 해석된 낱말의 뜻이 너무 어려워 그 자체를 이해하기 어려울 때도 있다. 이럴 때는 아이가 이해하기 쉬운 말로 다시 설명해 줄 필요가 있다. 아이 역시 무작정 낱말의 뜻을 사전에서 찾은 대로 기억하는 것보다는 자기 수준에서 이해하는 것이 중요하다는 것을 알아야 한다. 그리고 또 하나 말해 두자면 아이들은 사전에서 낱말의 뜻을 찾았는데 그 뜻이 여럿일 경우 앞뒤 따지지 않고 제일 첫 번째로 나온 뜻이 맞으려니 하는 경우가 있다. 아무리 뜻을 사전에서 찾았다 하더라도 올바른 뜻이 아닐 수 있으니, 그 뜻을 낱말 대신 문장 안에 넣어 뜻이 통하는지 확인해야 한다.

(5) 짧은 글짓기, 낱말 활용 연습하기

낱말은 내가 자유자재로 말로, 글로 쓸 수 있어야 그 낱말을 안다고 할 수 있다. 글 속에서 낯선 말을 찾아 알게 되었다 하더라도 사용하지 않으면 그 낱말은 곧 잊어버리게 된다. 새로 배운 낱말은 상황에 맞게 자꾸 써 봐야 한참 지난 후에도 자유롭게 사용할 수 있다. 그래서 새롭게 알게 된 낱말이 있다면 어떨 때 이 낱말을 사용하는지 그 예도 많이 들어 보고, 짧은 글짓기를 해서 상황에 맞게 그 낱말을 사용할 수 있도록 연습하는 것이 좋다. 이렇게 사용하는 어휘가 많아질수록 글에 대한 이해력이 높아지고 더불어 세련된 언어 생활을 할 수 있게 되는 것이다.

위와 같은 과정을 거쳐 가며 낯선 낱말을 새로 익혔더라도 그 낱말을 자주 쓰지 않으면 잊어버리게 된다. 낱말 기록장이나, 낱말 카드 따위를 만들어 놀이를 하거나 자주 찾아보아 익힌 낱말은 잊지 않도록 노력하는 것이 중요하다. 다음은 낱말 카드의 한 예이다. 새로 익힌 낱말들을 이렇게 카드로 만들어 빙고, 낱말 빨리 맞추기와 같은 다양한 놀이를 하면 아이들은 자기가 낱말 공부를 하고 있다는 생각 없이 즐겁게 어휘력을 키우게 된다.

궁 리	– 예측한 뜻 : 생각?
황소 세 마리는 궁리 끝에 셋이 힘을 합하여 호랑이를 물리쳐 보기로 했습니다. (읽기 23쪽)	– 사전 뜻 : 이리 저리 따져 생각함. – 짧은 글 : 어떻게 하면 엄마 몰래 컴퓨터 게임을 할 수 있을까 궁리했지만 방법이 없었다.
(카드 앞면)	(카드 뒷면)

[배경지식 쌓기]

　우리는 모르는 것이 있다면 그와 관련하여 내가 알고 있는 모든 지식을 총동원해 그것이 무엇인지 알기 위해 애쓰게 된다. 내가 알고 있는 배경지식은 새로운 지식을 알아 가기 위한 다리 역할을 한다. 우리 머리는 이미 알고 있던 지식과 관련된 내용은 몹시 중요한 것으로 여겨 적극적으로 받아들이려는 경향이 있다. 그렇기 때문에 배경지식이 풍부할수록 글을 읽고 이해하는 능력이 높아지는 것이다. 새로운 지식을 가르치기 위한 교과서를 잘 읽어 내기 위해서는 어휘력을 높이는 것과 더불어 많은 배경지식을 쌓는 것이 중요하다. 배경지식이 교과서를 읽고 지식을 배워 가는 데 얼마나 큰 영향을 미치는지 예를 들어 보겠다.

아래 동시는 새싹이 돋아나는 모습을 표현한 것이다. 교과서에는 동시와 함께 배경으로 그림이 그려져 있다. 배경지식의 정도에 따라 이 동시를 이해하는 정도가 어떻게 차이 나는지 알아보자.

영치기 영차

박소농

깜장 흙 속의 푸른 새싹들이
흙덩이를 떠밀고 나오면서
하-영치기 영차
하-영치기 영차

돌팍 밑에 예쁜 새싹들이
돌팍을 떠밀고 나오면서
하-영치기 영차
하-영치기 영차
흙덩이도 무섭지 않고
돌덩이도 무섭지 않은 아기 싹들이
하-영치기 영차
하-영치기 영차

(2학년 1학기 읽기 6, 7쪽)

아이의 배경지식	동시를 이해하는 정도
새싹이 돋아나는 모습을 유심히 본 적 없는 아이	책에 나온 그림만이 단서, 시를 제대로 감상하기 어렵다.
봄에 싹이 돋는 모습을 주변에서 관찰한 아이	봄이 되면 싹이 돋아나는 것을 보았기 때문에, 싹이 돋아나는 모습을 떠올리며 시를 읽고 이해할 수 있다.
싹이 돋아나는 모습을 관찰한 것은 물론 직접 씨를 뿌려 싹이 돋는 과정을 본 아이	새싹이 나올 때 얼마나 오래 기다려야 하는지 잘 안다. 그리고 봄이면 아무리 깊이 씨를 심었어도, 어떤 장애물이 있어도 싹이 돋아나는 것을 아는 아이는 왜 싹이 흙덩이를 떠밀고 나오며 하-영치기 영차 하는지, 왜 흙덩이도 돌덩이도 무섭지 않다고 표현했는지 이해하고, 제대로 시를 감상할 수 있다.

위에서 살펴본 바와 같이 배경지식이 어느 정도 있는가는 글을 얼마나 깊이 있게 잘 이해할 수 있는가와 밀접한 관계가 있다.

이번에는 과학 교과서를 읽고 공부할 때 배경지식이 어느 정도 영향을 미치는지 알아보도록 하자.

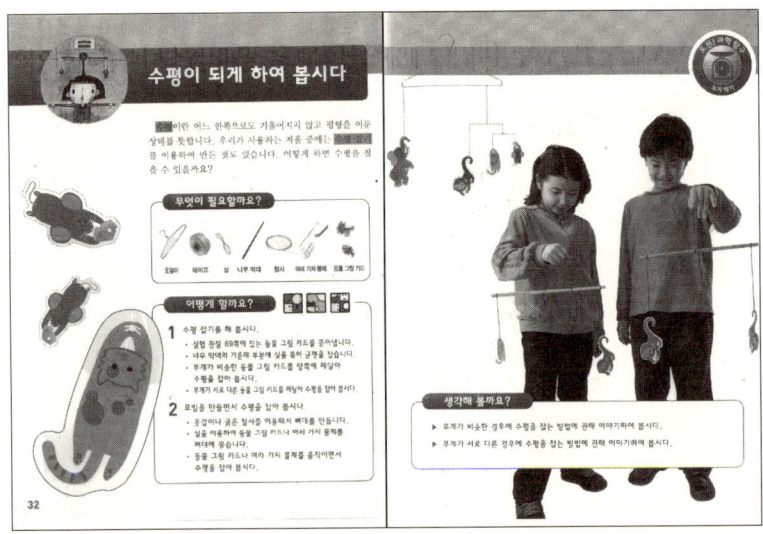

4학년 1학기 과학 32, 33쪽

 4학년 과학의 수평 잡기를 이용해 무게를 측정하는 장면이다. 이 단원을 배우면서 아이들은 막대에 무게가 다른 것들을 매달았을 때 어떻게 수평을 유지하는가 잘 이해하지 못한다. 무거운 쪽으로 기울어진 막대를 수평으로 만들기 위해서는 중심점을 어느 쪽으로 움직여야 하는지, 모빌처럼 여러 개의 물건이 매달렸을 때는 어떻게 수평을 잡는지 같은 것들은 가르쳐 줘도 자꾸 헷갈려 한다. 그런데 만일 이 단원을 배우기 전에 손가락에 연필이라도 올려놓고 수평 잡기 놀이를 해 봤다거나, 시소를 탈 때 이리저리 옮겨 앉으며 수평을 잡아 봤던 아이라면 본 단원을 훨씬 쉽게 이해할 것이다. 과학은 호기심을 해결하기 위해 실험을 하고, 그 과정에서 새로운 지식을 쌓아 가는 과목이다. 아이가 이미 놀이 등을 통해 비슷한 경험을 해 보았다면 그 사이 자기도 모르게 과학에서 배울 내용에 대한 지식을 가지고 있는 것이나 마찬가지다. 그렇다면 과학 수업이 낯선 것을 새로 배우는 어려운 공부 시간이 아니라 재미있었던 경험을 체계적으로 이해하고, 알고 있는 지식을 정비하는 시간이 될 것이다.

그렇다면 사회 교과서는 어떨까? 사회 역시 배경지식의 정도가 교과서 속 내용을 쉽게 이해하고 지식으로 받아들이는 것에 막대한 영향을 미친다. 4학년 1학기 사회에서는 민주주의의 꽃이라 할 수 있는 선거에 대해 학습한다. 후보가 나서고, 선거 공약을 하고, 누구나 한 표씩 비밀로 투표를 하는 과정이 학교에서 반장 선거하는 과정과 크게 다르지 않다. 그렇기 때문에 학교에서 선거했던 것을 떠올린다면 그 단원을 쉽게 배울 수 있을 것이다. 이처럼 이미 알고 있는 것과 조금이라도 연관성이 있을 때 느끼는 친숙함은 새로운 것을 배울 때 겁내지 않고 쉽게 배울 수 있도록 해 준다. 그러니 저학년 때부터 보다 많은 배경지식을 쌓을 수 있게 많은 경험을 하고, 좋은 도서를 많이 읽어야 한다.

단, 정확하지 않은 지식을 옳은 것으로 알고 기억하고 있을 때는 오히려 새롭게 뭔가를 알아 가거나, 이해할 때 방해가 된다는 점을 기억하자. 아래 글은 초등 6학년 읽기 교과서 내용 중 일부다.

> 요즘 미르 주위를 맴돌다 친해지는 데 실패한 몇몇 여자 애들은 미르를 건방지고 잘난 척하는, 재수 없는 아이라고 떠들어 대고들 있다. <u>그 애들에게 미르는 이솝 우화에 나오는, 여우가 따 먹을 수 없는 포도 같은 것 아닐까?</u> 여우가 포도를 따 먹으려다 닿지 않자, "저건 분명 신 포도일 거야." 하면서 돌아가는 이야기 말이다.
>
> (6학년 2학기(7차) 읽기 14쪽)

나는 아이들이 이 글을 읽고 과연 '여우가 따 먹을 수 없는 신포도'와 '미르'의 공통점을 이해하고 있을지 궁금했다. 그래서 "왜 소희는 그 애들에게 미르는 이솝 우화에 나오는 여우가 따 먹을 수 없는 포도 같다고 생각했을까?"라는 질문을 했다. 그랬더니 한 학생은 "여우의 신 포도와 같으니까요."라고 답했다. 그 학생이 제대로 알고 있는지 아닌지 판단이 서질 않아 몇 가지 질문을 더 했다.

"어떤 점에서 여우의 신 포도와 같은데?"

"못 먹잖아요."

"왜 못 먹는데?"

"신 포도니까요. 하느님 거니까 먹으면 안 되잖아요."

이런, 그 학생은 여우가 말한 '신 포도'를 '하느님의 포도'로 이해하고 있었다. 시어서 맛이 없으니까 못 먹는 포도라고 해석하는 것과 신의 것이라 감히 못 먹는 포도라고 해석하는 것은 '소희'라는 아이를 이해하는 데 있어서 엄청난 차이를 가져오게 된다.

자, 이제 배경지식을 많이 쌓기 위한 좋은 방법은 없을지 생각해 보자. 누구나 알고 있듯이 직·간접적인 많은 경험이 배경지식을 갖게 한다. 특히, 초등학생은 오감을 이용해 많은 경험을 직접 할 수 있도록 하는 것이 효과적이다. 그래서 부모들은 아이들을 이끌고 이곳저곳 체험 학습 기관 등에 데리고 다니며 사회나 과학과 관련된 지식과 경험을 쌓도록 한다. 이때 부모는 아이가 어딘가 다녀오면 뭔가를 얻어 올 것이라는 기대를 하는데 반드시 그렇지는 않다. 한 초등 3학년 아이의 일기다.

> 다예 아줌마랑, 도윤이 아줌마, 다예, 도윤이, 나, 우리 엄마 이렇게 여섯 명이 국립 박물관에 갔다. 여러 가지를 봤다. 복도에서 뛰다가 아저씨한테 혼났다. 집에 오다가 버거킹에 갔다. 도윤이는 점보버거를 먹었는데 입이 찢어질 것 같아서 웃겼다. 신기한 것이 하나 있었다. 우리 동네는 안 그러는데 콜라를 다 먹고 컵을 가져가니까 또 줬다. 정말 재미있었다.

이 아이의 엄마는 분명히 여러 가지 교육적 의도로 아이들을 데리고 '국립 박물관'에 갔을 것이다. 하지만 일기만 봐서는 일기의 주인공은 그날 국립 박물관은 햄버거 가게에 가는 길에 잠깐 들른 것같이 보인다. 체험 학습이나 견학을 할 때는 미리 잘 계획하고, 준비해야만 효과가 있다는 것을 염두에 두자.

[메모하며 읽기]

 교과서뿐 아니라 거의 모든 종류의 글을 읽는 아주 좋은 자세 중 하나는 바로 메모하며 읽는 것이다. 메모하며 읽기는 손에 연필을 쥐고 글을 읽는 것에서부터 시작이다. 글을 읽다 보면 나와 같은 생각이 있어서 반가울 때도 있고, 궁금한 것도 있다. 그리고 어떤 문장은 아름다워 두고두고 기억하고 싶고, 어떤 내용은 정말 중요해 꼭 기억해야 할 필요가 있는 것이 있다. 이럴 때 들고 있던 펜으로 밑줄을 긋거나 물음표도 하고 몇 마디 적기도 한다. 이렇게 펜을 들고 글을 읽을 때 나의 가슴과 머리에서 일어나는 반응을 적어 가며 읽는 것이 바로 메모하며 읽기다. 이것은 독자가 아주 적극적으로 글을 읽는 대표적인 방법이다. 하지만 이처럼 글을 읽으면서 중요한 내용에 밑줄을 긋고, 중요한 것을 한편에 적고, 또 글을 읽으며 떠오르는 생각이나 느낌, 궁금한 것을 표시하며 읽는다는 것이 쉬운 일은 아니다. 아직 초보 독자인 초등학생에게는 더욱 버거울 수 있다. 그래서 처음부터 이 모든 것을 다 실행하며 읽도록 하기보다는 그냥 떠오르는 생각, 궁금증, 어려운 낱말 정도라도 표시하며 읽는 습관을 갖도록 한다. 이것이 메모하며 읽기의 첫걸음이자, 좋은 읽기 습관의 세계에 입문하는 길이다. 그러다 보면 꼭 메모해야 할 것을 고르는 안목이 생겨 학습을 위해 교과서를 읽을 때도 그 능력을 발휘하게 된다. 나아가 아이가 교과서를 읽으면서, 또는 학교에서 교사의 설명을 듣다가 제대로 이해하지 못했거나 궁금증이 생기는 것을 메모해 두었다가 그것들을 스스로 알아내 간다면 바랄 것이 없을 것이다.

가끔 책에 메모하며 읽으라고 하면 새 책이 더러워진다고 생각해서인지 아주 싫어하는 아이가 있다. 그럴 때는 부모가 메모하며 읽은 책을 보여 주면서 "내가 쓴 글을 누군가가 읽으면서 정말 중요하다고 여겨, 꼭 기억하겠다며 표시한다면 정말 고마울 거야. 연필을 쥐고 메모하며 글을 읽는 것은 글 쓴 사람에 대한 예의란다. 그리고 한참 뒤에 이 책을 보면 내가 어떤 생각을 하면서 읽었는지 알 수 있어서 참 좋아."라고 설득해 보자.

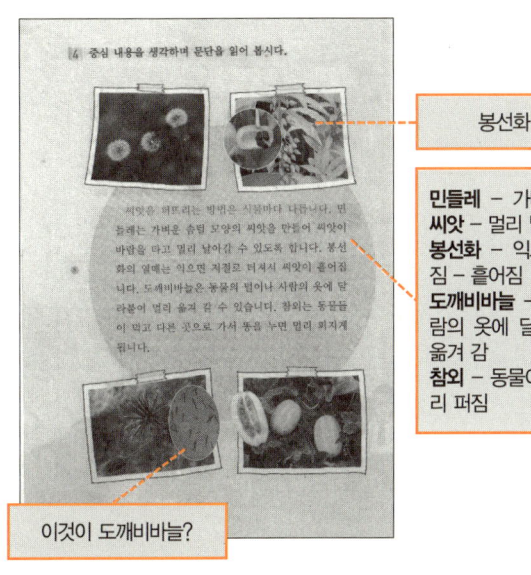

3학년 1학기 읽기 30쪽

교과서 읽기를 배우는 엄마들

　모 대학 평생 교육원과 내 개인적인 연구 공간에서 '교과서 학습 코칭', '우리 아이 교과서 학습하기'라는 이름을 걸고 교과서를 잘 읽어 내는 방법을 강의하고 있다. 수강하는 사람은 주로 초등학생 자녀를 둔 부모와 교육업계에 종사하는 사람들이다. 수강자들과 내가 이 강좌를 통해 도달하고 싶은 목표는 뚜렷하다. 아이들의 교과서 읽기 능력을 향상시켜 스스로 교과서를 잘 활용해 공부할 수 있게 도와줄 방법을 찾는 것이다.

[비법 전수를 위해 비법을 배우다]

　교과서로 공부하는 것이 제일 좋은 방법이라고 말들은 하는데 교과서로 어떻게 공부하라는 것인지 알 수가 없다. 여전히 나도 그렇고 아이도 역시 자꾸 교과서보다는 손쉬워 보이는 문제집 같은 것에 손이 가고 있다. 교과서를 잘 활용해 공부할 수 있는 방법만 알려 주면 내 아이도 그야말로 '자기 주도 학습'이라는 걸 할 수 있을 텐데······. 이런 고민을 하는 사람들이 모여 공부하는 집단이 늘고 있다. 그래서인지 교과서 학습과 관련한 강좌를 수강하는 사람들 대부분 '사교육에 의존하지 않고 스스로 공부할 수 있는 힘을 길러 주기 위해, 아이들이 교과서를 제대로 읽고 공부할 수 있도록 도와주기 위해서 이 강의를 듣게 되었습니다.'라고 말한다.

 학교에서 교과서로 수업을 하고는 있지만 교과서를 잘 읽고, 교과서가 가지고 있는 좋은 기능을 제대로 활용하고 있는 아이는 드물다. 마치 컴퓨터에 버금가는 최신 스마트폰을 가지고 있으면서 기껏해야 직접 통화하고 문자를 보내는 용도로만 사용하는 사람처럼 말이다. 그 좋은 교과서를 아깝게 썩히지 않으려면 교과서에 대해 잘 알고 활용할 수 있어야 한다. 만일 내 아이가 그렇게 하고 있지 못하다면 부모가 나서서 안내를 해야 할 텐데, 문제는 부모 역시 교과서에 대해 잘 모르고 있다는 사실이다. 직접 교과서로 공부한 지도 오래되었을 뿐 아니라 솔직히 아이들 교과서를 관심 갖고 들여다본 적도 없다. 게다가 최근 교육 과정의 개정으로 교과서가 바뀌었다고 하니 생소할 수밖에 없다. 이런 문제들을 인식한 부모들이 교과서에 대해 공부하고 어떻게 교과서로 공부해야 하는지 그 비법을 배우려는 것이다.

[내 아이와 공부할 때 나는 '옆집 아줌마']

　내가 진행하고 있는 '교과서로 학습하기' 관련 과정은 지금 독자가 읽고 있는 이 책의 내용과 많은 부분 일치한다. 왜냐하면 아이들의 교과서 읽기 능력이 학습 능력을 좌우한다 해도 과언이 아니기 때문이다. 단, 이 과정은 아이가 스스로 설 때까지 부모가 바라보고, 도와주기 위한 것이기 때문에 무엇보다 부모와 아이가 좋은 관계를 유지할 것을 강조하고 또 강조한다. 다른 말은 모두 접어 두고 한 가지만 이 기회에 짚고 넘어가겠다.

　보통 가정에서는 아빠보다는 엄마가 아이의 공부에 직접 개입하는 경우가 많다. 엄마와 아이가 함께 공부하는 모습을 보면 어느 집이나 비슷한 광경이 연출된다. 처음 책상에 앉을 때만 해도 비교적 안정적인 분위기를 유지한다. 그러다가 5~10분 시간이 경과함에 따라 엄마의 얼굴은 열이 올라 붉어지고, 아이의 고개는 점점 밑으로 수그러진다. 오가는 말 역시 거칠어져 "어제도 가르쳐 줬는데 왜 모르니?", "어디다 정신을 팔고 있는 거야?", "학교에서도 배웠을 것 아냐?" 등 아이의 기를 팍팍 죽이는 말만 골라서 하게 된다. 심할 때는 아이가 눈물을 뚝뚝 흘리면서 끝이 난다. 손이 올라가지 않은 것만도 다행이다 싶다. 그리고 나서 아이가 잠이 든 모습을 안타깝게 보면서 '아, 내가 또 그랬네.', '그래, 모르는 너는 오죽 답답하겠니.' 하며 후회한다. 하지만 내일 역시 비슷한 상황이 벌어질 것을 우린 얼마든지 예측할 수 있다. 그럼 엄마가 아닌 아빠는 좀 나을까? 아빠도 마찬가지다. 아이와 엄마의 실랑이를 보다 "애를 그렇게 잡으려면 그냥 놔둬라. 그래, 내가 할게." 하지만 막상 아빠와 아이가 마주 앉아도 별반 다를 것이 없다.

나는 내 아이와 공부하기 전에 자기 최면을 걸라고 말한다. '나는 옆집 아줌마다. 나는 옆집 아줌마다.', '얘는 옆집 순이다. 얘는 옆집 순이다.' 함께 공부하다 화가 나면 '옆집 아줌마'. 아이가 뭔가 잘 몰라 답답할 때 '옆집 순이'. 이 주문은 신기하게 나를 아이로부터 한 발 물러나게 만든다. 내 아이와 공부할 때 화나는 이유는 우리가 이미 잘 알고 있는 것처럼 큰 기대 때문이다. 그래서 어지간해서는 잘한다는 생각이 들지 않고 부족한 것만 눈에 띈다. 그래서 자꾸 더 해라, 이것도 못하냐는 말을 하게 되는 것이다. 물론 부모는 아이가 잘 되기를 바라는 마음에서 그러는 것이지만, 아이는 부모가 눈만 조금 치켜뜨면 이미 알고 있던 것도 하얗게 잊어버릴 정도로 멍한 상태가 된다. 아이가 자기의 능력을 잘 발휘해서 짧은 시간 최대의 효과를 올리게 하고 싶다면, 부모의 욕심을 살짝 뒤로 하고 마치 옆집 아이를 대하듯 해 보자. 그럼 공부하는 책상에 웃음꽃이 필 것이다.

더 이상 '교과서로 공부했다'는 공부의 달인들이 하는 말을 의심할 것이 아니라 우리 아이들이 교과서와 친해지도록 해야 한다. 그들이 '교과서로 어떻게 공부했는지'에 관심을 가져야 한다.

사례 1

자녀와 교과서로 공부해 효과를 본 부모들

'교과서 학습 코칭' 과정을 수강 중이던 김미진 씨는 큰아이가 고등학생이고 작은아이가 초등학교 5학년인데, 지금까지 한 번도 교과서를 제대로 본 적이 없다고 했다. 그러면서 처음으로 교과서를 꼼꼼히 보았더니, 좀 더 일찍 관심을 갖고 봤더라면 괜히 문제집 잔뜩 안겨 줘서 아이 고생시키는 짓은 안 했을 거라고 말했다.

김미진 씨는 6학년이 되는 딸 때문에 걱정이 많다. 5학년 때 우리나라 역사를 배우지 않았는데, 교과 과정이 개정되는 바람에 6학년이 돼서도 역사를 배울 기회가 없어졌기 때문이다. 그래서 새로 바뀔 5학년 사회 교과서를 구해 겨울 방학 동안 딸과 함께 보기로 했다. 시중에 역사 관련 도서가 많기는 하지만 어느 책이 좋은지 판단하기 어렵고 또 분량도 많아 고민하다 교과서를 선택한 것이다. 아마 전 같으면 다른 책을 선택했겠지만, 이번에는 교과서를 선택하는 데 망설임이 없었다. "역사는 지도가 참 중요해. 한 나라의 역사는 그 나라뿐 아니라 다른 나라들과의 관계에 따라서도 많이 좌우되거든.", "사회 탐구를 보자. 여기 좀 더 자세히 설명되어 있네.", "이 일이 왜 일어났는지 원인도 찾아보고 교과서에 밑줄 긋고 정리해 보자." 딸과 함께 교과서를 읽으면서 요약도 하고, 다른 자료를 찾아보기도 했다. 아이도 처음에는 직접 설명해 주지 않고 자기에게 자꾸 찾아보고 읽게 하는 것을 귀찮아하더니, 어느 순간부터는 "엄마, 전쟁은 일이 일어난 차례대로 정리하면 좋겠어요.", "지도만 봐도 거란이 왜 고려를 쳐들어왔는지 알 것 같아요." 하며 적극적으로 바뀌었다. 김미진 씨는 처음으로 딸하고 재미있게 공부했다며 '진짜 알찬 방학이었다'고 좋아했다. 생각한 만큼 많은 양의 진도를 나가지 않더라도 욕심을 버렸더니 화낼 일이 없었다고 했다. 그리고 사회 교과서만 같이 읽었는데, 아이가 다른 교과서를 읽는 방법까지 저절로 깨우친 것 같다며 기뻐했다.

2부

교과서의 기본적인 활용법

교과서는 다른 책과 달리 학생에게 어떤 지식을 전달하겠다는 뚜렷한 목적을 가지고 만든 책이기 때문에 그 효과를 극대화하기 위한 가장 효과적인 편집 방식을 채택하고 있다. 그것을 편집 체재라고 한다. 교과서는 교과서를 읽는 학생들이 그 내용을 쉽게 이해할 수 있도록 하기 위해 반복적안 편집 방법을 사용하고 있다. 따라서 그런 편집자의 의도대로 교과서를 읽는다면 내용을 잘 이해할 수 있을 것이다.

1 교과서 편집 체재 알기

교과서는 다른 책과 달리 학생에게 어떤 지식을 전달하겠다는 뚜렷한 목적을 가지고 만든 책이기 때문에 그 효과를 극대화하기 위한 가장 효과적인 편집 방식을 채택하고 있다. 그것을 편집 체재라고 한다. 교과서는 교과서를 읽는 학생들이 그 내용을 쉽게 이해할 수 있도록 하기 위해 반복적인 편집 방법을 사용하고 있다. 따라서 그런 편집자의 의도대로 교과서를 읽는다면 내용을 잘 이해할 수 있을 것이다.

교과서의 일반적인 편집 체재를 알아보면 다음과 같다.

❶ 글의 내용을 대단원과 소단원으로 구분하고 있다.
❷ 단원의 내용을 대표하는 단원 제목이 있다.
❸ 단원의 도입 부분에 본문에 대한 개요와 학습 목표를 제시한다.

❹ 핵심 단어는 굵은 글씨로 쓰거나 색깔 표시를 하는 등 눈에 잘 띄도록 한다.

❺ 본문 내용과 관련된 그림, 사진, 지도, 도표 등을 통해 내용을 보충하거나 요약한다.

❻ 본문과 관련된 참고 자료와 도움말 등은 오른쪽과 왼쪽 날개 부분에 게재하고 있다.

❼ 과목에 따라 다양하게 '탐구', '수행' 또는 '과제'라는 요소를 단락 중간에 넣어, 배운 내용을 점검하거나 평가할 수 있도록 하고 있다.

❽ 단원이 끝나면 학습 목표의 달성 여부를 점검할 수 있는 질문을 하고 있다.

❾ 과목마다 독특한 아이콘을 사용해 이목을 끌어 집중하게 한다.

❿ 일부 과목은 대단원의 도입, 마무리 과정에 해당 단원에서 배울 내용과 배운 내용을 한눈에 정리해 볼 수 있도록 구조화해서 제시하고 있다.

순서에 맞게
교과서 읽기

교과서의 편집 체재를 알았다면 이젠 읽을 차례다. 교과서를 읽을 때는 읽는 순서를 따르는 것이 좋다. 교과서를 읽는 순서가 따로 있다는 말을 하니까 무슨 말인가 싶을 것이다. 보통은 교사가 수업할 때 '교과서 몇 쪽을 펴 보자.' 하면 시키는 대로 교과서를 펼치고, 별 생각 없이 본문을 읽어 왔을 것이다. 하지만 그래서는 교과서를 제대로 읽을 수 없다. 모든 일에는 순서가 있고, 그 순서에 맞게 해야 시행착오를 줄이고 더 효율적으로 일을 할 수 있는 법이다. 예를 들어, 빨래할 때를 생각해 보자. '빨랫감을 흰 빨래와 색깔이 있는 것을 구별하기 – 세탁기에 세탁물 넣기 – 물의 온도와 양 맞추기 – 세제 넣기 – 세탁 버튼 누르기' 일반적으로 세탁기를 이용해 빨래를 할 때는 이런 순서에 따른다. 만일 순서를 무시하고 세탁을 한다면 빨랫감끼리 섞여서 얼룩이 생긴다거나 깨끗하게 빨아지지 않는다.

새 학기가 시작되어 아이가 새 교과서를 받아 왔다면, 어떤 순서로 읽어야 할지를 생각해 보자.

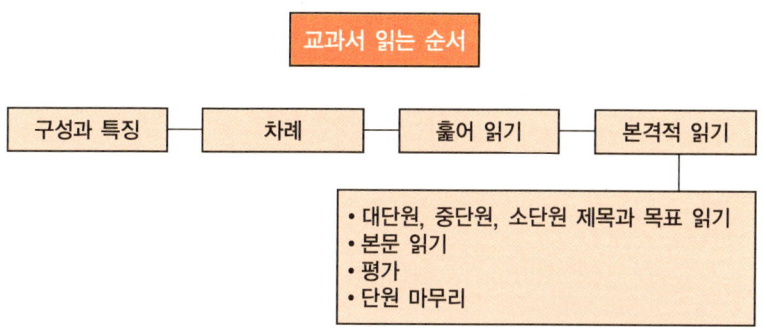

[책의 구성과 특징 읽기]

교과서 표지를 열면 가장 먼저 책의 구성에 대한 안내가 있다. 과목에 따라 '이렇게 읽어요(국어)', '구성과 특징(사회)', '이 책의 구성(과학)' 등 다양하게 표기하고 있지만, 이들의 역할은 모두 같다. '책의 내용이 이렇게 구성되어 있으니 참고해서 읽으세요.'라는 안내이다. 이것은 마치 전자 제품의 주요 기능을 설명한 설명서와 같다. 미리 읽어 두고, 필요할 때마다 참고하면서 전자 제품을 사용하듯이 활용한다면 교과서를 효율적으로 잘 읽어 내는 데 큰 도움이 된다.

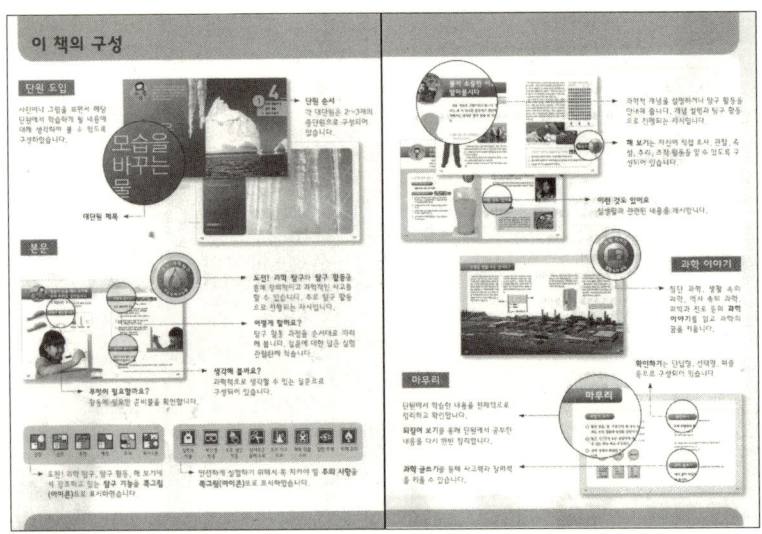

4학년 1학기 과학 2, 3쪽

[차례 읽기]

　교과서의 구성을 알았다면 차례를 읽을 순서다. 차례를 보면서 이번 학기에 어떤 내용을 배우게 되는지, 그것들이 어떻게 연관이 되는지 예측할 수 있다. 이때 이미 배운 교과서를 다시 펼쳐 비교해 보면 더 좋다. 지금까지 배운 내용과 새롭게 배우게 될 내용 간에 어떤 연관성이 있는지 알 수 있기 때문이다. 이 과정에서 이전에 공부한 것 중에 새로 배울 내용과 연장선에 있는 내용을 다시 한 번 되짚어 본다면, 탄탄한 새 학기 준비를 할 수 있다. 새 학기를 준비하기 위해

새 교과서를 공부하는 것보다 더 중요한 것은 이미 배운 부분 중 부족한 구멍을 메우는 것이다.

[훑어 읽기]

차례를 읽었다면 이제 책을 죽 넘기면서 훑어 읽는다. 그러다 관심 있는 제목이나 그림, 글 등이 눈에 띈다면 읽어 보는 것도 좋다. 그러면서 '야, 이렇게 재미있는 것이 있구나.', '어, 이건 내가 아는 것인데.', '좀 어려운 것 같다.' 등 이런저런 생각을 하며 새로 배울 내용에 대한 호기심도 해결하고, 어려운 것은 미리 준비할 수 있다. 이렇게 잠깐 눈을 스친 내용들이 본격적으로 교과서를 보며 공부할 때 친밀감과 기대감을 주어 그 과목을 적극적으로 배우고 싶게 하는 동기를 부여하게 되는 것이다. 아주 재미있고 흥미를 끌 만한 장면을 예고편으로 보면 영화가 더 보고 싶은 것과 같은 이치이다.

[본격적으로 읽기]

이제 본격적인 교과서 내용 읽기에 들어갈 차례다. 각 과목마다 내용의 특성에 따라 읽는 방법도 다르다. 그 자세한 방법은 3장에서 다루기로 하겠다. 여기서는 교과서를 본격적으로 읽을 때 반드시 유의

해야 할 것들을 살펴보도록 하자.

(1) 지금 읽는 것이 교과서 지도상 어디쯤인지 알기

길을 찾을 때 지도는 아주 유익한 도구이다. 하지만 내가 지금 서 있는 곳이 어디인지 모른다면 그 지도는 길 찾기에 전혀 도움이 되지 않는다. 학습을 할 때 역시 마찬가지다. 지금 내가 무엇을 배우고 있는지, 그것이 내가 배워야 할 진도에서 어디쯤인지, 상급 학교에서 배울 것과 어떤 관계가 있는지를 아는 것은 아주 중요하다. 그래야 보충해야 할 것이 무엇인지, 반드시 익혀 두어야 하는 것은 무엇인지, 이미 배운 것 중 어떤 것을 되짚어 보면 도움이 되는지를 알 수 있다. 이를 위해 필요할 때마다 펼쳐 볼 수 있도록 지난 학년 교과서라도 주요 과목인 경우는 버리지 말아야 한다. 그리고 가능하다면 선배들의 책을 구해 한 번쯤 훑어보는 것도 좋다. 교육 과정 전체를 한눈에 보는 것이 어렵다면 적어도 과목별로 이미 학습한 내용이 무엇인지 지난 교과서의 목차를 메모해 두면 도움이 된다. 참고로 3부에 주요 과목별로 초등학교 때 배우는 내용을 일목요연하게 정리해 두었다.

(2) 학습 목표 읽기

교과서는 각 단원마다 꼭 익혀야 할 학습 목표를 어떤 형식으로든 표기하고 있다. 학습 목표는 단원의 도입 부분에 제시하는데, 그것을 지나치지 말고 꼭 읽어 확인해야 한다. 그래야 이 단원에서 무엇을 중점적으로 학습해야 할지 알 수 있다. 교과서를 읽으면서 중요한 것, 그렇지 않은 것을 판단하는 기준은 그것이 학습 목표를 달성하기 위한 것인지 아닌지이다. 그리고 교사가 시험 문제를 낼 때 역시 학습 목표에 해당하는 영역을 묻게 되어 있으니 시험을 잘 보기 위해서라도 학습 목표를 꼭 확인해야 한다.

(3) 단원명과 글의 제목 유의하며 읽기

단원명과 제목은 배울 내용이 무엇인지 함축적으로 말해 준다. 아이들이 글 읽는 것을 관찰해 보면 제목은 확인하지 않고 책 본문부터 읽는 모습을 자주 볼 수 있다. 그럴 경우 내가 읽은 것이 무엇과 관련된 것인지 헷갈려 내용 파악이 제대로 되지 않는다. 특히, 제목을 유심히 보지 않고 본문만 읽은 것이 시험에 나오기라도 하면 '분명히 읽기는 읽었는데 어디서 나왔더라?' 하며 생각이 나지 않아 고생하는 아이도 꽤 있다.

(4) 중요한 것을 알려 주는 단서를 파악하며 읽기

나는 처음 학생을 만났을 때 아이들이 눈치채지 못하는 사이 여러 가지 방법으로 학생의 수준을 평가한다. 그래야 교육의 시작점을 잡을 수 있기 때문이다. 그 방법 중 하나로 학생에게 교과서를 주고 중요하다고 여겨지는 내용에 밑줄을 그어 보라고 하면 많은 아이들이 거의 모든 내용에 밑줄을 긋는다. 왜 모두 밑줄을 쳤는지 물어보면 '다 중요한 것 같아서'라고 대답한다. 그 말은 무엇이 중요한지 모른다는 말과 같다. 교과서에서는 어떤 식으로든 중요한 내용이 드러나도록 일종의 단서들을 사용한다. '이것은 아주 중요하다'고 말해 주는 것이다. 아이들이 이 단서들을 알고 신경 써 읽는다면, 훨씬 쉽게 중요한 것들을 파악해 가며 읽을 수 있을 것이다. 교과서에서 중요한 것을 알려 주는 단서에는 어떤 것들이 있는지 알아보자.

❶ 중요한 내용은 여러 번 반복된다.

우리는 뭔가 중요한 말을 하고 싶을 때는 자기도 모르게 자꾸 반복해서 말하게 된다. 그래야 상대방도 중요하다고 여길 것이라 생각하기 때문이다. 글을 쓰는 사람도 마찬가지다. 자신이 강조하고 싶은 중요한 말은 자기도 모르게 반복해서 쓰게 마련이다. 똑같은 말을 반복하기도 하지만 보통은 비슷한 표현으로 바꿔 가며 쓴다. 그래서 글 쓴 사람이 무엇을 말하려고 하는지, 어떤 것을 중요하게 생각하는지 알려면 어떤 말을 반복하는지 살펴봐야 한다.

> 쌀 소비량은 계속 줄어들고 있는 추세이다. 1인당 연간 쌀 소비량은 1970년도에 136킬로그램에서 2008년에는 75.8킬로그램으로 줄었다. 이렇듯 쌀 소비량이 줄어들면서 논도 급격히 줄어들고 있다.
>
> (6학년 1학기 읽기 61쪽)

위 글을 보면 쌀 소비량이 줄어들고 있는 추세라는 걸 말하기 위해 '쌀 소비량'과 '줄어든다'는 말을 계속해서 쓰고 있다.

❷ 중요한 내용은 글씨를 달리하거나 다른 색으로 표시한다.

교과서를 보면 글씨체를 도드라지게 하거나, 어떤 부분만 글씨가 다른 색으로 써 있다. 또 색깔 펜으로 표시해 둔 것도 있다. 이렇게 다르게 표시해 놓는 것은 이것은 정말 중요하니 눈여겨보라는 뜻이다. 아래 그림은 4학년 1학기 과학 교과서 내용 중 일부다. '수평 잡기로 무게 재기'를 배우는 단원인데, 이 단원을 공부하기 위해서 꼭 알아야 할 '수평' 그리고 '수평 잡기'란 말에 색깔 펜으로 표시해 두고 있다.

> 수평이란 어느 한쪽으로도 기울어지지 않고 평형을 이룬 상태를 뜻합니다. 우리가 사용하는 저울 중에는 수평 잡기를 이용하여 만든 것도 있습니다. 어떻게 하면 수평을 잡을 수 있을까요?

4학년 1학기 과학 32쪽

> 씨앗을 퍼뜨리는 방법은 식물마다 다릅니다. 민들레는 가벼운 솜털 모양의 씨앗을 만들어 씨앗이 바람을 타고 멀리 날아갈 수 있도록 합니다. 봉선화의 열매는 익으면 저절로 터져서 씨앗이 흩어집니다. 도깨비바늘은 동물의 털이나 사람의 옷에 달라붙어 멀리 옮겨 갈 수 있습니다. 참외는 동물들이 먹고 다른 곳으로 가서 똥을 누면 멀리 퍼지게 됩니다.

3학년 1학기 읽기 30쪽

3학년 1학기 2단원에서는 '중심 내용과 세부 사항'에 대해 배운다. 위 그림처럼 '중심 내용'을 다른 색으로 써서 구별하고 있다. 물론 이 단원에서 계속 중심 내용을 다른 색으로 표시하지는 않았다. 구별하는 방법을 배우는 단계에서만 이렇게 한다. 그 후로는 학생이 중심 내용을 찾아 밑줄을 긋거나 하며 읽어야 한다.

❸ 중요한 내용은 도표, 삽화 등을 실어 보충하거나 강조한다.

유형	보행 중	차량 동승	자전거	이륜차 동승	기타	계
사망자 수(명)	96	38	14	4	2	154
사망자 비율(퍼센트)	62.3	24.7	9.1	2.6	1.3	100

※ 자료: 도로교통공단 교통사고종합분석센터, 2009.
▲ 어린이 교통사고 유형별 사망자 수

6학년 1학기 읽기 127쪽

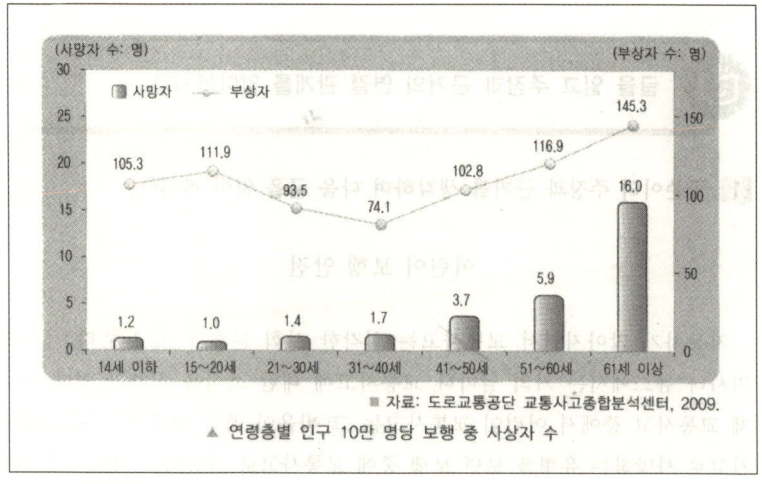

▲ 연령층별 인구 10만 명당 보행 중 사상자 수

6학년 1학기 읽기 128쪽

위 표와 그래프는 '어린이 보행 안전'을 주제로 주장하는 글을 쓰면서 어린이 보행 안전이 얼마나 중요한지 강조하기 위해 그래프와 표를 제시했다. 글에 비해 이런 자료들은 우선 눈에 확 띨 뿐 아니라 이 자료를 해석하는 능력이 있다면 글을 보지 않더라도 글 쓴 사람이 무슨 말을 하려는지 짐작이 가능하다. 만일 글로만 통계 자료를 인용해 적었다면 그 내용이 쉽게 눈에 들어오지 않았을 것이다. 사회 교과서를 보면 타 교과보다 표나 그래프가 자주 등장하는데, 교과서 속에 이런 자료가 있다면 '이건 중요한 것이구나.' 라고 생각하면 된다.

❹ 중요한 내용은 글의 날개 부분에 질문이나 생각거리를 제시한다. 이 역시 글을 읽으며 중요한 부분을 놓치지 않게 하기 위한 장치이다. 질문에 대한 답을 찾아 표시하며 읽으면 중요한 것을 놓치지 않고 읽을 수 있다.

> 고인돌을 만들기 위해서는 적어도 수십에서 수백 명의 사람이 고인돌에 쓰일 돌을 옮겨 와야 합니다. 그래서 고인돌이 크다는 것은 그 부족의 인구가 많다는 것을 뜻하고, 그만큼 부족의 힘이 강하다는 것을 나타냅니다.
>
> 고인돌이 크다는 것은 무엇을 뜻하나요?
>
> (4학년 2학기 읽기 70쪽)

읽기 교과서를 보면 위와 같이 날개 부분에 질문이나, 어떤 생각거리를 제시하고 있는 것을 자주 볼 수 있다. 글을 읽을 때는 머릿속에 중요한 것들을 기억하며 읽어야 하는데, 그런 것에 초점을 맞춰 읽는 것이 쉽지 않다. 그래서 교과서를 읽을 때는 잠깐 멈추어 생각하고, 답하며 읽는 것이 좋다. 그러면 중요한 것들을 놓치지 않고 집중해서 읽을 수 있다. 그러니 위와 같이 중요한 것을 알려 주는 단서가 나온다면 답을 생각하며 읽어야 한다는 것을 아이에게 꼭 알려 주어야 한다. 질문에 해당하는 내용을 표시하며 읽는 방법도 아주 좋다.

(5) 배경 도서 찾아 읽기

학습에 있어서 배경지식의 중요성은 말하지 않아도 이미 잘 알고 있으리라. 배경지식을 쌓기 위한 여러 가지가 있겠지만, 그중 역시 책을 읽는 것은 여러모로 좋은 방법이다. 학기 시작 전에 교과서를 펼쳐 보고 어떤 내용을 배우는지 확인하고 그와 연관된 배경 도서를 방학을 이용해 읽으면 좋다. 관심을 두고 읽은 책이 수업 시간에 나오면 어느 때보다 적극적으로 공부하게 될 것이다. 또, 어려운 내용은 미리 쉬운 책을 읽어 몸풀기의 효과를 볼 수도 있다.

국어 교과서 뒷면을 보면 교과서에 실린 도서를 안내하고 있다. 어떤 책은 그 책 내용이 모두 실리기도 하고, 어떤 것은 일부 내용만을 실었다. 그럴 경우는 꼭 그 책을 찾아 전문을 읽도록 한다. 글의 가운데 토막만 읽고서는 그 작품을 제대로 감상할 수 없고, 내용을 이해하는 데 한계가 있기 때문이다. 문학 작품이 아니고 정보를 주는 글일 경우는 책에 실린 것만으로도 내용을 이해하는 데 큰 문제가 안 되지만 되도록 꼭 찾아보기를 권한다. 교과서에 실린 책들은 그 학년 수준에서 읽기 적당한 도서로, 그러한 책들을 읽는 것만으로도 다른 교과의 배경지식을 쌓는 데 큰 도움이 된다.

교과서로 예·복습, 수업 해결하기

공부를 잘하는 아이는 예습, 본 수업, 복습을 적절히 나누어 학습한다. 이때 교과서를 읽는 방법도 각각 다르다.

(1) 예습하기

예습을 할 때 교과서를 꼼꼼히 볼 필요는 없다. 진도 나갈 부분을 훑어보면서 제목, 학습 목표를 확인하고, 그림이나 그래프, 표 같은 것이 있다면 그것들과 제목을 보면서 어떤 내용일지 짐작해 보는 정도가 좋다. 그리고 어렵다 여겨지는 곳, 선생님에게 묻고 싶은 부분을 따로 표시해 둔다. 그러면 수업을 들을 때 그 부분을 좀 더 신경 써서 들을 것이다.

(2) 수업하기

본 수업을 할 때는 교사의 안내에 따라 교과서를 보게 된다. 이때 예습하면서 미리 표시해 둔 곳을 신경 쓰며 수업을 듣고, 혹시 교과서에 있는 내용을 선생님이 다른 방법으로 설명하는 것이 있다면 빈 공간에 쓰거나 메모지에 적어 붙여 둔다. 선생님은 필요에 따라 교과서 내용을 심화해서 설명하기도 한다. 그리고 교과서에서 설명하는 것이 어렵다 생각되면 학생들이 이해하기 쉽게 다양한 예를 들어 수업을 한다. 이것을 잘 적어 두면 나중에 복습하거나 시험 공부를 할 때 유용하게 쓰인다. 그리고 수업 중에 '이건 정말 중요하다.'고 강조하는 것이 있다면 그 역시 꼭 표시해 두도록 한다. 그건 십중팔구 시험에 나온다고 보면 된다. 내가 고등학교 때 민법 선생님은 어려운 법을 설명할 때 꼭 실례를 들거나 그림을 그려 가며 설명하시곤 했다. 나는 그때 선생님이 그림으로 그리는 것은 따라 그려 두고, 예로 들어 설명하는 것을 그대로 받아 적어 두었는데, 나중에 혼자 공부할 때 책만 봐서는 이해가 가지 않던 것들이 메모해 놓은 그림과 예를 보니까 저절로 이해되었던 경험이 있다. 물론 시험도 아주 잘 봤다. 대부분의 교사들은 자신이 수업 시간에 특별히 예로 든 것이 있다거나, 특별히 강조해 설명한 것을 시험에 낸다.

(3) 복습하기

수업이 끝나자마자 5분이 가장 중요하다는 말을 들어 본 적 있을 것이다. 수업 시간에 열심히 공부했다면 그것이 얼른 머릿속에 자리 잡아 잊혀지지 않으면 참 좋을 텐데 아쉽게도 우리의 뇌는 그렇지 못하다. 배운 지 1시간 후면 50%, 하루가 지나면 70%를 잊어버린다고 한다. 그래서 가능하면 수업이 끝나자마자 배운 것을 한 번 더 보고 잊지 않도록 하는 것이 좋다. 하지만 초등학생이 쉬는 시간에 친구와 놀고 싶은 마음을 뒤로하고 복습한다는 것은 현실적으로 어렵다. 대신 집에 돌아와서 그날 수업한 교과서를 펴고 선생님이 강조한 것, 내가 메모했던 것들을 꼭 다시 한 번 살펴보는 것을 습관화해야 한다.

사례 2

책가방 풀어 수다 떨기로 공부에 재미도 붙이고, 엄마와 사이도 좋아진 현진이

4학년 현진이는 집으로 가는 길이 마냥 즐겁다. 엄마에게 책가방을 풀면서 늘어놓을 재미있는 이야깃거리가 많기 때문이다. 현진이 엄마는 3주 전부터 현진이가 학교에서 돌아오는 시간에 맞춰 현진이가 좋아하는 간식을 준비해 놓고 기다린다. 현진이가 오자마자 '책가방 수다'를 떨기 위해서다.

얼마 전까지만 해도 현진이와 엄마는 하루도 기분 좋게 보낸 적이 없다. "공부해라, 숙제했니, 왜 모르니, 도대체 몇 시간이나 지났는데 뭐 했니." 하는 엄마의 잔소리와 "했다니까요. 몰라요." 퉁명스러운 현진이의 대답이 오고 갔을 뿐이다. 현진이 엄마도 현진이와 정말 잘 지내고 싶고, 누구보다 현진이를 사랑하지만, 함께 책상에만 앉으면 도대체가 감정이 통제되지를 않는다. 학교에서 뭘 배웠는지도 기억하지 못하고, 문제집 좀 풀라고 하면 20분이면 끝날 분량을 2~3시간씩 붙잡고 있는 걸 보면 자신도 모르게 버럭 소리를 지르게 된다. 어떤 때는 손이 올라가기도 했다. 야단맞고 울다 자는 현진이 모습을 보면 안쓰러워 다음엔 꾹 참고 가르쳐 보리라 마음먹지만 다음 날도 역시 어제와 똑같이 하고 있는 자신을 보면 좌절감이 느껴지기도 한단다. 학교에서 단원 평가라도 보는 날이면 둘 다 보통 예민해지는 것이 아니다.

현진이와 엄마에게 닥친 문제는 학교 성적과 둘 사이의 관계 회복, 두

가지이다. 그래서 현진이 엄마에게 **'책가방 풀어 수다 떨기'** 미션을 제안했다. '책가방 수다'는 짧은 시간에 예습과 복습을 하고, 덤으로 엄마와 아이의 관계를 회복시켜 주는 간단한 미션이다. 아이가 학교에 다녀오면 간단히 손만 씻은 후 책가방에서 오늘 수업한 교과서를 꺼내 놓는 것부터 시작한다. 물론 아이를 신나게 하는 맛있는 간식과 함께 말이다. 교과서를 하나씩 펼치면서 아이는 1교시부터 마지막 수업까지 어떤 과목을, 어떤 내용을 배웠는지 엄마에게 말해 준다. 이 과정에서 누가 장난치다 선생님께 야단을 맞았다거나, 어떤 시간에 자기가 어떤 발표를 했는데 칭찬을 받았다거나 하는 이야기를 하면서 친구 흉도 보고, 자기 자랑도 한다.

책가방 수다를 하는 목적은 학교에서 배운 공부를 잊지 않고 기억하기 위해서이다. 우리의 기억력은 한계가 있어서 좋은 머리를 가지고 있다 하더라도 배운 뒤 하루가 지나면 거의 모든 내용을 잊어버린다. 하지만 수시로 잊어버리려는 기억을 다시 되살리는 작업을 반복하다 보면, 그것이 우리 뇌의 장기 기억 장치로 저장되어 절대로 잊혀지지 않게 된다. 그런 면에서 이 책가방 수다는 학교에서 오자마자 교과서를 펼쳐 보는 것만으로도 뚝 떨어지는 기억을 다시 끌어올리는 효과가 있다.

그리고 자연스레 간단한 예습의 효과도 노릴 수 있다. 교과서를 한 장만 넘기면 다음 시간에 배울 내용이 나오니까, 오늘 배운 내용과 연결해 "오늘은 이걸 배웠는데 다음 시간에는 이런 것을 배우네." 하며 연관을 지어 대화를 나누면 잠깐 보는 것만으로도 기억의 효과는 커진다.

또 한 가지, 이건 덤으로 얻는 것이지만 책가방 수다를 떨면서 아이와 엄마의 관계가 아주 돈독해진다. 자기 자랑도 하고, 속상한 일을 털어놓고, 친구 흉도 보면서 공감받고, 위로받고, 칭찬받는 사이에 아이는 '아, 우리 엄마는 나를 정말 사랑하는구나.'라고 느끼게 된다. 이렇듯 '책가방 수다'는 '일석삼조'의 훌륭한 미션이다.

그런데 그렇게 사이가 좋지 않던 현진이와 엄마가 어떻게 책가방 수다 미션을 성공적으로 할 수 있었을까? 결코 쉬운 일은 아니었다. 하지만 현진이 엄마는 몇 가지 단서 조항을 꼭 지키려고 애썼기 때문에 성공할 수 있었다. 단서 조항은 다음과 같다.

> 비난하지 않기, 꼬치꼬치 캐묻지 않기, 긍정적 반응 보이기, 처음엔 수다로 시작하기, 욕심 부리지 말기, 책가방 수다로 아이를 취재하려는 마음 접기, 꼭 학교에서 배운 교과서 가지고 오기

이 책가방 수다를 통해 현진이 엄마는 아이가 학교에서 무엇을 공부하고 있는지, 무엇을 재미있어하는지, 무엇을 어려워하는지 알게 되었다. 그래서 무리하게 진도를 앞서 나가려던 욕심을 접고 아이에 맞게 학습 과제의 수준을 좀 낮추고 양을 줄여 주었다. 그랬더니 현진이가 짧은 시간에 주어진 학습 과제를 잘 해냈다고 한다. 예전 같으면 그렇게 남은 시간에 "이것도 더 해 보자, 저것을 해라." 했을 텐데, 이젠 그 시간에 하고 싶은 것을 하게 둔다고 한다.

"책가방 수다를 떠니까 선생님이 수업 시간에 하신 말씀이 다 떠올라요. 그리고 엄마가 문제 풀라고 할 때도 학교에서 배운 게 다 기억나니까

쉬워서 빨리 풀 수 있어요. 책가방 수다를 처음 할 때는 엄마가 공부 때문에 잔소리를 할 것 같았는데, 전혀 아니었어요."

"현진이가 매일 교과서를 펼쳐 보니까 내가 뭘 배우고 있는지, 뭘 배웠는지 기억이 잘 나서 좋다고 하더라고요. 이번에 예고 없이 본 단원 평가에서도 몇 개 안 틀렸어요."

책가방 수다로 엄마와 딸 사이에 행복한 기류가 흐르고, 현진이의 학교 성적도 올랐다니 진심으로 축하할 일이다.

3부

주요 과목
교과서 읽기 능력

국어의 읽기는 모든 학습에 기초가 되는 과목이다. 수학, 과학, 사회, 영어 등 모든 과목이 교과서를 읽고 이해를 해야만 학습이 가능하기 때문이다. 따라서 학습에 있어서 '도구'의 역할을 하는 읽기 교과서의 내용을 완전히 자기 것으로 만드는 일은 다른 과목 교과를 잘 읽어 낼 수 있는 기초를 마련하는 것인 셈이다.

1장
읽기 교과서

1 읽기 교과서 읽기

국어의 읽기는 모든 학습에 기초가 되는 과목이다. 수학, 과학, 사회, 영어 등 모든 과목이 교과서를 읽고 이해를 해야만 학습이 가능하기 때문이다. 따라서 학습에 있어서 '도구'의 역할을 하는 읽기 교과서의 내용을 완전히 자기 것으로 만드는 일은 다른 과목 교과를 잘 읽어 낼 수 있는 기초를 마련하는 것인 셈이다. 우리 부모들의 희망인 '완전 자율 학습'이 가능하려면 읽기 교과서에서 읽기 능력의 열쇠를 찾아야 한다. 따라서 부모는 읽기 교과서를 단순히 국어 과목의 한 갈래 정도로만 여길 것이 아니라, '읽기 능력'을 제대로 배울 수 있도록 초등학교 저학년 때부터 꾸준히 관심을 가지고 지도해야 한다. 이것이 자녀를 평생 '능숙한 독자'로 만들 수 있는 길이기도 하다.

[읽기 교과서의 구성과 편집 체재]

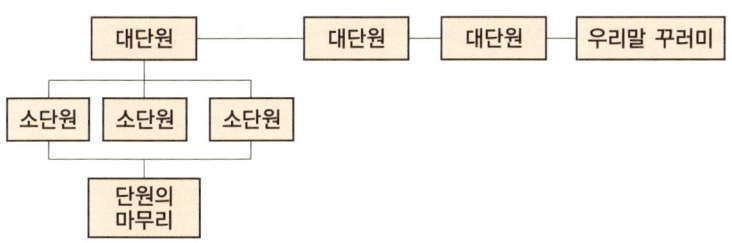

　읽기 교과서는 6~8개의 단원으로 구성되어 있다. 각 단원은 도달해야 할 학습 목표를 3~4개의 소단원으로 나누어 학습하도록 꾸며져 있고, 배운 내용을 정리하는 것으로 단원을 마무리한다. 단원의 도입 부분에서는 배울 내용을 떠올리고 학습 목표를 확인시킨다. 소단원은 대단원의 학습 목표를 몇 단계로 나누어 그에 알맞은 지문을 제시해 학습하도록 한다. 학생들은 '＊＊ 읽어 봅시다.'라고 적혀 있는 지문을 통해, 무엇에 집중하여 읽을지를 이해하고, 그에 따라 읽는다. 그래야 학습 목표를 쉽게 익힐 수 있다. 지문 읽기가 끝나면 목표 학습이 잘 되었는지 확인하고, 보충 질문과 관련 활동을 한다. 이렇게 한 단원이 모두 끝나면 혼자서 읽거나 자유롭게 활동할 수 있는 '놀이터'를 마련해 놓았다.
　그럼 4학년 읽기 교과서를 예로 들어 읽기 교과서 구성과 편집 체재에 유의하며 읽는 방법을 구체적으로 배워 보도록 하자.

3. 이 생각 저 생각

단원 학습 목표: 여러 의견을 비교하며 글을 읽을 수 있다.

소단원 1: 목화 값은 누가 물어야 하나?
(목표: 의견을 비교하며 글을 읽어야 하는 까닭을 알 수 있다.)

소단원 2: 우리 반의 잔치
(목표: 글에 제시된 의견을 비교하는 방법을 알 수 있다.)

소단원 3: 시험 보는 도깨비
(목표: 여러 의견을 비교하며 글을 읽을 수 있다.)

소단원 4: 동물 마을의 물 이야기
(목표: 등장인물의 의견이 다른 글을 읽고 글에 제시된 의견을 비교할 수 있다.)

(4학년 1학기 읽기)

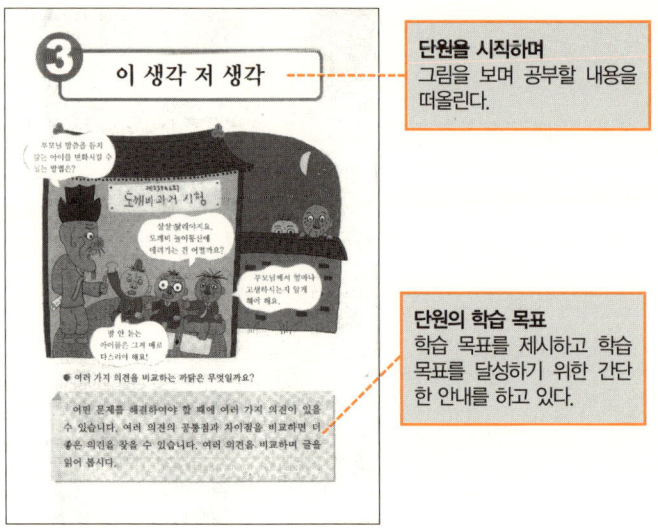

4학년 1학기 읽기 51쪽

초등학교 4학년 1학기 읽기 3단원 도입 부분이다. 글과 그림을 제시해 이 마당의 주제에 관심과 흥미를 북돋우고 있다. 학생들이 단원의 제목 '이 생각 저 생각'과 그림을 보고 단원에서 어떤 내용을 배울지 짐작할 수 있게 한 것이다. 그리고 단원의 학습 목표와 함께 어떻게 목표 학습을 할 수 있을지 간단히 안내해서 준비하고 학습할 수 있도록 한다. 이 단원에서는 '여러 가지 의견을 비교하며 글 읽기'를 학습 목표로 삼고 있다. 이 학습 목표는 다시 소단원 학습 목표 4개로 나눠 단계적으로 익힐 수 있게 한다. 즉, ㉠ 여러 의견을 비교하며 글을 읽어야 하는 까닭을 먼저 알고, ㉡ 글에 제시된 의견을 비교하며 읽는 방법을 배우고, ㉢ 앞에서 배운 것을 바탕으로 여러 의견을 비교하며 글을 읽고, ㉣ 등장인물의 의견이 다른 글을 읽고 글에 제시된 의견과 비교하기를 배우는 단계를 거쳐 '여러 가지 의견을 비교하며 글 읽기'라는 큰 학습 목표에 도달하도록 하는 것이다.

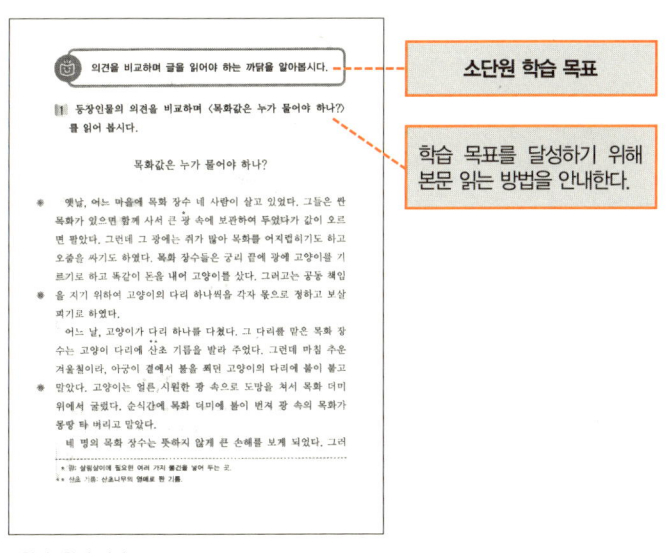

4학년 1학기 읽기 52쪽

소단원 '목화 값은 누가 물어야 하나?'를 시작하기 전에 '의견을 비교하며 글을 읽어야 하는 까닭을 알아봅시다.' 하고 목표를 제시했다. 그리고 글을 읽기 전에 '등장인물의 의견을 비교하며 〈목화 값은 누가 물어야 하나?〉를 읽어봅시다.' 하고 본문 읽는 방법을 제시하여, 글을 읽을 때 무엇에 초점을 맞춰 읽어야 하는지 안내한다. 그러므로 여기서는 지문을 읽을 때 등장인물이 자신의 의견을 말하는 부분에 집중하며 읽는 나름의 전략을 사용할 수 있다. 어떤 경우 학습 목표를 익히기 위해 집중해야 하는 부분을 다른 색으로 쓰거나 눈에 띄는 표시를 하기도 한다. 글을 읽다가 이런 부분이 나오면 '신경 써서' 읽어야 한다. 다음은 '의견이 적절한지 생각하며 읽기'라는 안내와 함께 제시된 글의 일부분이다. 각 인물의 의견을 각기 다른 색의 상자에 넣어 인물의 의견이 적절한지 생각하며 읽을 수 있도록 했다.

"도련님 댁 감이라고요? 그건 우리 감이에요. 보다시피 우리 집으로 가지가 넘어왔잖아요."

"그런 경우가 어디 있나? 그 감은 우리 거야. 아무리 담 너머로 가지가 넘어갔어도 감나무는 우리 집에서 심고 가꾸었기 때문이야."

"음, 그야 너희 것이지. 우리 집에 가지가 일부분 넘어왔어도 나무의 뿌리는 너희 집에 있지 않으냐?"

4학년 1학기 읽기 116, 118쪽

지문을 다 읽은 후에는 다음 자료처럼 내용을 제대로 잘 이해했는지 확인해 보는 장이 있다. 글을 읽을 때 지시하는 대로 등장인물의 의견을 찾아 표시하며 읽었다면, 질문에 어렵지 않게 답할 수 있다. 이렇게 목표에 집중하며 글을 읽고, 학습하는 것은 시험을 잘 보는 것과 바로 직결된다. 시험은 일정 기간 동안 배운 것을 평가하는 것이다. 이 평가의 기준은 학생이 학습 목표를 어느 정도 달성했는가이다. 이 부분은 뛰어넘지 말고 반드시 답을 해서 내가 제대로 공부했는지 점검하도록 한다.

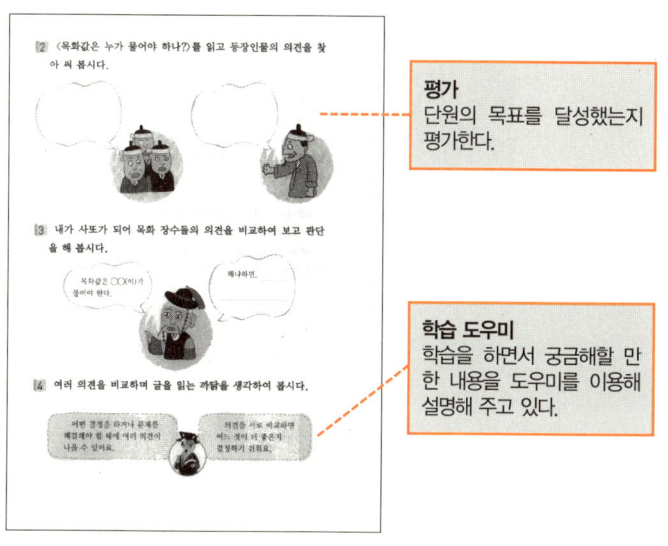

4학년 1학기 읽기 54쪽

읽기 교과서를 보면 동물 캐릭터 도우미가 곳곳에 등장해 궁금한 것을 해결해 준다. 그리고 좌우 여백에 지문 이해를 도와주는 질문이 있어 내용을 간추리며 읽도록 장치하고 있다.

한 단원이 끝나면 지금까지 배운 내용을 잘 알고 있는지 간단히 정리하고 확인한다. 확실하게 모르고 있다는 생각이 들면 앞으로 돌아가 그 부분을 다시 공부한다. 이렇게 교과서의 구성과 편집 체재의 역할을 인식하고 읽으면 훨씬 높은 학습 효과를 기대할 수 있을 것이다.

2
읽기 교과서
읽기 방법
배우기 실전

　글을 읽을 때는 낱말의 뜻을 알고, 문장, 문단의 뜻을 파악하고 글 전체를 이해함과 동시에 다양한 생각을 떠올리며 읽게 된다. 자신의 배경지식을 활용해 글의 내용을 보고 경험을 떠올리거나, 그 내용이 옳은지 그른지, 또 다른 대안은 없는지 판단하게 된다. 능숙한 독자일수록 글의 이해와 동시에 활발한 사고 활동을 하게 마련이다. 읽기 교과서에서는 위와 같은 글을 읽을 때 사용하는 읽기 방법들을 가르친다. 따라서 읽기 교과서에서 가르치는 글 읽는 방법을 제대로 익힌다면, 전 학년 모든 교과서를 읽을 수 있는 능력을 갖추게 된다. 그래서 국어, 특히 읽기 교과서를 도구 교과라고 하는 것이다. 그런 의미에서 읽기 교과서에서 이러한 읽기 방법들을 어떻게 가르치고 있는지 학습 목표를 파악해 볼 필요가 있다. 이렇게 해야 읽기 능력을 올리기 위한 하나하나의 읽기 전략들을 어떻게 단계적으로 심화시키고, 익히게 되는지 한눈에 알 수 있기 때문이다. 그러면 학년을 넘나들며 필요한 읽기 전략들을 배우고, 심화시킬 수 있다. 그중 특히 중요한 어휘력을 높이기 위한 것과 글을 읽은 후 내용을 요약하는 방법을 집중적으로 살펴보도록 하겠다. 이것들은 학습을 위한 읽기를 할 때 꼭 필요한 읽기 능력이다. 초등학교 국어(읽기)에서는 글을 읽고 이해하는 데 필요한 어휘력과 줄거리 간추리기, 그리고 글을 읽으면서 벌어지는 다양한 사고 과정, 즉 추론하며 읽기, 판단(비판)하며 읽기, 감상하며 읽기와 같은 것들을 중점적으로 배운다.

[어휘력 키우기]

어휘력은 글을 이해하는 능력을 결정짓는 아주 중요한 요소이다. 글을 읽는다는 것은 작가와의 의사소통 과정이다. 작가는 자신의 의도를 독자에게 잘 전달하기 위해 적절한 낱말을 신중하게 선택해 글을 쓴다. 그렇기 때문에 독자가 글 속에 쓰인 낱말의 의미를 잘 파악해야만 글을 충분히 이해하고 작가와의 의사소통이 가능해지는 것이다.

어휘력을 높이기 위해서는 단순히 낱말의 뜻을 암기하는 것보다는 글의 맥락 안에서 낱말의 의미를 학습하는 것이 더 효과적이다. 따라서 글을 읽다가 모르는 낱말이 나오면 그 낱말의 뜻을 문맥에 맞게 유추해 가며 읽는 것이 좋다. 그리고 표시해 두었다가 낱말의 뜻이 무엇인지 확인해 확실하게 익혀야 한다.

　어휘는 얼마나 많은 낱말을 알고 있는가 하는 '양'도 중요하지만 그 낱말의 다양한 의미, 즉 '깊이'도 몹시 중요하다. 저학년 때 낱말의 양을 채우는 데 신경을 쓴다면 학년이 올라갈수록 그 낱말을 '깊이' 있게 아는 것이 더 중요해진다. 그래서 학습 목표상에서 보면 저학년 때는 흉내 내는 말, 반대말, 비슷한 말 같은 것을 배운다면, 4학년이 되면 여러 가지 뜻을 가진 낱말의 뜻을 문맥을 통해 짐작하기를 배우고, 5학년에는 같은 낱말이면서 다양한 의미를 가지는 말, 6학년은 비유어를 학습한다. 교과서 속 글을 읽어 보면 5학년 이상은 여러 낱말이 어우러져 새로운 뜻을 갖게 되는 관용어, 속담, 비유어들에 대한 이해가 있어야 한다.

　학년별 학습 목표를 보면 알겠지만, 모르는 낱말의 뜻을 알기 위해 초등 저학년부터 사전을 찾게 하는 것은 좋지 않다. 국어사전에서 낱말의 뜻이 너무 어려워 그것을 해석하기 위해 또 사전을 찾는 경우도 꽤 있다. 저학년이라면 낯선 낱말을 알게 하기 위해 사전을 찾는 것보다는 그 낱말이 어떤 상황에서 쓰이는지 예를 들어 이해하도록 하는 것이 좋다. 사전에서 낱말의 뜻을 찾는 것은 3학년 2학기나 되어서야 배우게 된다.

　어휘와 관련된 학습 목표는 다음과 같다. (학년-학기-단원)

1-1-1 낱말 바르게 읽기
1-1-2 흉내 내는 말의 느낌 알기

2-1-2 뜻이 반대인 낱말 알기

2-2-2 뜻이 비슷한 낱말 알기

3-2-2 국어사전에서 낱말 찾는 방법, 국어사전에서 낱말 찾아가며 글 읽기

4-1-4 예사말과 높임말의 차이 알기

4-1-8 여러 가지 뜻을 지니는 낱말 알기

5-1-3 낱말의 여러 가지 의미 파악하며 글 읽기

6-1-7 비유적 표현의 특성과 효과 알기

(1) 모르는 낱말을 익히는 방법

㉠ 낱말의 뜻을 예측해 문맥 속에서 뜻이 통하는지 확인한다.

낱말은 그것이 글 속에 어떻게 쓰였느냐에 따라 뜻이 달라지는 경우가 많다. 그렇기 때문에 바로 사전을 찾는 것보다 먼저 그 낱말의 뜻을 예측해 문맥 속에서 그 뜻이 통하는지 확인하는 것이 좋다.

㉡ 사전을 통해 정확한 뜻을 찾아본다.

문맥 속에서 뜻을 예측하기 어렵거나, 정확한 뜻을 알아야 할 필요가 있을 때는 사전을 찾아본다. 단, 저학년일 때는 사전에서 해석한 뜻 자체가 어려워 이해하기 힘들 수 있다. 이때는 아이가 이해할 수 있도록 다시 설명해 주어야 한다. 그리고 사전을 찾았을 때 뜻이 여러 개일 경우 반드시 그 낱말 대신 뜻을 넣어 읽어 보고, 문맥상 의미가 통해야 한다는 것을 알려 주어야 한다.

㉢ 낱말을 다양하게 활용한다.

낱말을 안다는 것은 사전적인 의미를 아는 것에서 그치는 것이 아니라, 그 낱말을 말할 때나 글을 쓸 때 자유자재로 활용할 수 있다는 것이다. 낱말의 뜻을 알았다면 그 낱말을 이용해 짧은 글을 짓거나 자신이 경험한 이야기와 연관 지어 생각해 보는 연습을 하여 그 의미를 파악할 수 있도록 한다.

(2) 교과서에서 배우는 낱말 익히기
❶ 그림 단서로 낱말 익히기

1학년 1학기 읽기 49쪽

1학년 1학기 읽기 교과서다. 아이가 '들이밀다'를 모른다고 했다. 우선 그림 안에 숨어 있는 단서를 찾아 '들이밀다'는 낱말의 ㉠ 뜻을 예측해 보는 질문을 한다. 문장이나, 그림 모두 낱말의 뜻을 알기 위한 실마리로 삼을 수 있다는 것을 이 기회에 알려 준다. "누렁소 3마리가 함께 호랑이한테 뿔을 들이밀었대. 어떻게 하는 것이 '들이미는' 걸까? 그림을 보고 말해 볼래?" 이렇게 물으면 아이는 그림을 보고 손으로 뿔을 만들어 엄마에게 들이밀면서 "이놈의 호랑이 덤벼라." 하고 자기 몸으로 낱말의 뜻을 표현할지도 모른다. 1학년 아이가 이 정도로 표현했다면, 충분히 그 뜻을 이해한 것이다. 이때 엄마가 "아, 누렁소 세 마리가 호랑이한테 뿔을 바싹 갖다 댔구나." 하며 아이가 한 말을 ㉡정확한 뜻과 함께 정리해 주면 된다. 나아가 "아까 밍키가 혀를 들이밀고 엄마 얼굴을 핥으려고 해서 깜짝 놀랐어."와 같이 '들이밀다'를 집어넣은 다른 문장을 예로 들어가며 ㉢활용해 본다. 활용을 많이 할수록 그 낱말을 잊지 않고 자유자재로 사용해 완전히 자기 것으로 만들 수 있다.

❷ 문장 속에서 낱말의 뜻을 설명하는 글 찾아 낱말 뜻 알기

이제 글을 읽다가 낯설거나 모르는 말이 나오면 문맥에 따라 그 낱말의 의미를 예측해야 한다는 것을 확실히 알았다. 그런데 이렇게 문맥을 살펴보는 이유가 있다. 모르는 낱말의 앞뒤를 살펴보면 그 낱말의 뜻을 친절하게 설명해 주기도 하기 때문이다.

> "그래서 생각한 건데……. 우리가 진짜 장미꽃을 선물할 수 없으니까 조화를 선물하는 거야."
> "장미꽃보다 조화가 더 예뻐?"
> 누나가 주먹으로 가슴을 두드리는 시늉을 하며 말했어요.
> "아이고, 답답해. 조화는 꽃 이름이 아니고 가짜 꽃이란 뜻이야."
> "아, 알았다! 종이로 만든 꽃도 조화, 플라스틱으로도 만든 꽃도 조화구나!"
>
> (3학년 2학기 읽기 85쪽)

아이가 '조화'의 의미를 다르게 알고 있다면, "'조화'의 뜻은 글을 조금 더 읽어 보면 알 수 있어. 한번 찾아보렴." 이렇게 얘기해서 '가짜 꽃이란 뜻'을 찾아내도록 도와준다. 정확한 뜻이 이미 나와 있으니 '조화'를 넣어 짧은 글짓기를 해 봐도 좋겠다.

예) "와, 이 장미꽃이 조화란 말이야? 난 진짜 꽃보다 더 예쁜걸."

❸ 함께 쓰이는 낱말 뜻 알기 (낱말의 조합을 알고 예측하기)

> 이튿날, 늦잠을 자서 아침도 먹는 둥 마는 둥 하고 학교에 가다가 지은이를 만났다.
>
> (4학년 2학기 읽기 59쪽)

'마는 둥'을 낯선 말로 표시했다. 가끔 어떤 아이들은 '둥'만 모른다고 표시하기도 한다. 그런데 이 낱말은 '-ㄴ 둥 -ㄴ 둥'으로 '어떤 일을 하는 듯도 하고 하지 않는 듯도 함'을 나타내는 말이다. 이럴 때는 '자는 둥 마는 둥', '청소를 하는 둥 마는 둥' 같은 예를 들어 함께 어울려 쓰이는 말이라는 것을 알려 준다. 그러면 "아침을 먹기는 했지만 너무 바빠 먹은 것 같지도 않을 정도로 먹었다는 뜻이지요."라고 예측할 것이다. 3, 4학년쯤 되었다면 이제 하나의 낱말뿐만이 아니라 어울려 쓰는 말들은 하나의 어휘 개념으로 이해하도록 가르쳐야 한다.

> 원님이 다가가 보니, 소를 탄 한 노인이 포졸과 실랑이를 벌이고 있었습니다.
> (3학년 1학기 읽기 123쪽)

위 문장의 '실랑이'가 무슨 말인지 모른다고 할 때 아이들은 대부분 '실랑이'의 뜻만 사전에서 찾는다. 실랑이를 사전에서 찾으면 '이러니 저러니, 옳으니 그르니 하며 남을 못살게 굴거나 괴롭히는 일'이라고 나와 있다. 하지만 이 뜻만으로는 제대로 문장의 뜻을 이해하기 어렵다. 이럴 때는 '실랑이를 벌이다'의 뜻을 '서로 네가 맞네, 내가 맞네 하며 옥신각신하다'로 이해하는 것이 훨씬 낫다. 그리고 '실랑이를 벌이다'를 넣어 '엄마는 과일 가게 아저씨와 수박 값을 깎아 달라, 안 된다 하며 실랑이를 벌였습니다.'와 같이 예를 들어가며 활용하면 된다.

> 정든 마을을 두고 이사를 간다는 것은 참 슬픈 일입니다. 이 사실을 알게 된 마을 동물들은 걱정이 이만저만이 아니었습니다.
> (4학년 1학기 읽기 65쪽)

위 문장에서도 '이만저만'은 '이만저만 아니다'의 뜻으로 찾아야 한다.

❹ 한자로 낱말 뜻 알기

한자를 아는 고학년이라면 모르는 말이 나왔을 때 자기가 아는 한자를 동원하면 그 뜻을 어느 정도는 짐작할 수 있다.

> 그 할머니께서는 엄동설한에 갈라 터진 손으로 힘든 일을 하면서도 사는 재미가 없다고 말씀하시지 않는다.
>
> (6학년 1학기 읽기 68쪽)

아이가 '엄동설한'을 모른다고 한다면 아이가 알 만한 한자를 떠올릴 수 있도록 "'엄동설한'에서 혹시 '동'이 무슨 동인지 아니?", "설은 무슨 뜻일까?" 하고 질문해서 아이들이 자기가 아는 한자를 떠올려 뜻을 짐작할 수 있도록 도와준다. '동'의 뜻을 '동쪽 동'이라고 할지라도 실망할 필요는 없다. 제대로 된 대답이 안 나오면 다시 질문하면 된다. "'동쪽 동' 말고 또 어떤 '동'이 있을까?" 하면 "아, 겨울 동." 하고 대답할 것이다. 이런 식으로 질문을 하는 것은 아이들이 모르는 낱말이 나왔을 때 자기가 아는 한자를 동원해 그 뜻을 짐작해 보는 전략을 알려 주는 것이다.

❺ 글 속에서 낱말 뜻 짐작하기

문장을 보면 어떤 낱말의 뜻을 짐작할 수 있는 경우가 꽤 있다. 아래 문장을 보면 '어영부영'의 뜻을 잘 모를지라도 '제대로 놀지도 못하고, 제대로 공부하는 것도 아닌' 이란 말을 보고 '어영부영' 의 뜻이 '아, 이것도 저것도 아닌 채 그저 그렇게' 라는 뜻이겠구나 하고 짐작할 수 있다. 이 역시 낯설거나 모르는 어휘의 뜻을 알아 가는 중요한 전략 중 하나다.

> 누구나 한 번쯤은 제대로 놀지도 못하고 그렇다고 제대로 공부하는 것도 아닌 채 어영부영 시간을 보낸 적이 있을 것이다.
> (6학년 1학기 읽기 69쪽)

[요약하기]

글을 읽고 중요한 내용을 골라 요약하는 능력은 국어뿐 아니라 타 교과를 잘 공부하기 위해서도 필수적인 능력이다. 아이들에게 교과서를 읽고 중요한 부분에 밑줄을 긋고, 요약해 보라고 하면 많은 아이들이 교과서 지문 거의 대부분에 밑줄을 긋는다. 제목이나 번호도 없고, 줄 바꿈도 하지 않은 채 줄 그은 내용을 그대로 옮겨 적다 금세 지치고 만다. 왜 이런 현상이 일어나는 걸까? 그것은 교과서 내용에서 무엇이 중요한지 모르기 때문이다. 설사 중요한 내용을 골랐다 하더라도 그것을 어떻게 요령껏 요약하고 정리해야 하는지 모르기 때문이다.

글을 읽고 중요한 내용을 요약할 때 필요한 능력은 많은 내용 중 중요한 것을 고르는 능력과 그것들을 한눈에 무슨 내용인지 알아볼 수 있도록 구조화하는 능력이다. 이것이 중요하다는 것은 알겠는데 그럼 어떻게 가르쳐야 할까? 이런 고민에 닥치면 막연하게만 느껴질 수 있다. 그러나 다행스럽게도 요약하는 능력은 읽기 과목을 통해 1학년부터 차근차근 배우고 있다. 그러니 그 중요한 요약하는 능력을 어떻게 가르치는지 읽기 교과서를 통해 답을 찾아보면 된다. 이때 '내 아이는 이미 초등 고학년인데, 아직도 요약하기를 제대로 못하는데 어쩌지?' 하는 걱정이 든다면, 저학년 읽기 교과서를 추적해 요약하기 방법을 살펴보면 그 답을 찾을 수 있다.

(1) 중심 낱말 찾기

1학년 때는 요약하기의 기초가 되는 중심 낱말 찾기와 요약하는 방법을 배우게 된다. '중심 낱말'은 한 문장, 또는 한 문단의 글에서 글쓴이의 의도를 직접적으로 드러내는 중요한 단서이다. 그래서 요약하기를 가르치는 첫 단계에서 중심 낱말 찾는 방법부터 배우게 된다. 중심 낱말을 찾을 때는 우선 글의 제목이 무엇인지 살펴야 한다. 글의 제목은 글의 가장 핵심적인 내용을 포함하기 때문이다. 그리고 글 속에서 자꾸 반복되는 말이 무엇인지 찾으면 된다. 글을 쓰는 사람은 자신이 중요하다고 생각되는 말은 어떤 식으로든 자꾸 강조하게 마련이다. 글 속에 여러 번 반복되는 낱말이 있다면 그 낱말이 중심 낱말일 가능성이 높다. 1학년 교과서를 통해 이와 같은 사실을 확인해 보자.

학습 목표: 글을 읽고, 중심 낱말을 찾아봅시다.
지시글: 무엇에 대하여 쓴 글인지 생각하며 〈송편〉을 읽어 봅시다.

> 송편
>
> 　송편은 추석에 먹는 대표적인 음식입니다. 송편은 보름달이나 반달 모양으로 빚습니다. 그래서 '달떡'이라고도 부릅니다.
> 　송편을 만드는 재료에는 쌀가루로 만든 반죽 덩어리와 송편 속에 넣는 소가 있습니다. 송편의 소는 깨, 팥, 콩, 밤, 녹두, 대추 등으로 만듭니다. 또, 송편에 솔잎, 쑥 등 다양한 재료를 사용하여 여러가지 색이나 향을 내기도 합니다.

(1학년 2학기 읽기 24쪽)

　글을 읽은 후 〈송편〉을 읽고, 중심 낱말을 찾아보라는 학습 문제와 함께 "제목이 무엇인지 알아보자.", "무엇에 대하여 쓴 글이지?", "여러 번 나온 낱말을 찾아봐." 하며 중심 낱말을 찾는 방법을 알려 준다.

　비록 1학년 교과서에 나오는 내용이지만, 이 방법은 고학년 교과서에서 중심 낱말을 찾을 때도 사용하는 방법이다. 실제로 나는 고학년 아이들이 중심 낱말 찾는 것을 어려워하면 "제목이 무엇인지 다시 한 번 보아라.", "여러 번 반복되는 말이 무엇인지 찾아봐라."라고 말한다.

(2) 설명글 읽고 중요한 내용 간추리기

　1학년 2학기 5단원에서는 설명글에서 중요한 '내용 간추리기'를 가르친다. '1학년에 벌써 중요한 내용 간추리기를 가르친다고? 고학년도 잘 못하는데 어떻게 할 수 있을까?' 하는 생각이 들 수도 있다. 하지만 '내용 간추리기'는 글을 읽는 데 있어서 필수적인 능력이기 때문에, 읽기의 틀이 잡히기 시작하는 1학년 때부터 가르치는 것이다. 이 시기를 놓치지 않고 잘 익혀 두면 전 과목 학습을 할 때 두고두고 유용하게 써 먹게 되는 능력이 바로 이 요약하는 방법이다. 교과서를 보면서 어떻게 가르치는지 살펴보도록 하자.

이런 인사, 저런 인사

우리는 날마다 인사를 나눕니다. 인사에는 그 나라 사람들의 마음이 담겨 있습니다. 그런데 나라마다 인사하는 법이 다릅니다.

우리나라 사람들은 허리를 굽혀 인사합니다. 상대방과 조금 떨어져서 바른 자세로 인사합니다.

서로 인사말도 주고받습니다.

멕시코 사람들은 서로 껴안으며 인사합니다. 상대방에게 가까이 다가가서 서로를 힘껏 껴안습니다. 그러고는 큰 소리로 반가움을 나타냅니다.

사우디아라비아 사람들은 뺨을 대며 인사합니다. 상대방에게 가까이 다가가서 서로의 뺨을 가볍게 댑니다. 그러면서 서로의 어깨를 두드리며 반가움을 나타냅니다.

1학년 2학기 읽기 78, 79쪽

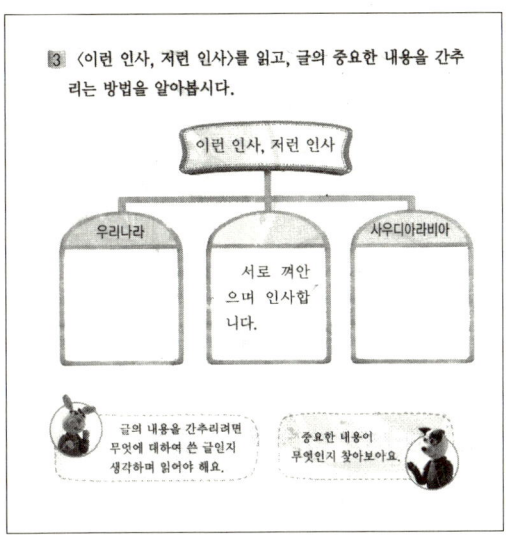

1학년 2학기 읽기 80쪽

  글을 읽은 후 '글의 중요한 내용을 간추리는 방법을 알아봅시다.'라며 위와 같은 그림을 제시하고 있다.

  보통은 위와 같이 빈칸이 있는 틀이 있을 경우 글을 보면서 알맞은 내용을 골라 칸을 채우는 것에 만족한다. 그렇게 단순히 칸 채우기만 하고 나서, 과연 아이들이 '글의 중요한 내용을 간추리는 방법을 알았을까?'를 생각해 봐야 한다. 이 단원의 학습 목표가 '설명글에서 중요한 내용을 간추리는 방법을 알아보자.'였으니, 문제 풀듯이 접근할 것이 아니라 그 방법을 터득해야 한다. 아래를 보면 학습 도우미가 "글의 내용을 간추리려면 무엇에 대하여 쓴 글인지 생각하며 읽어야 해요."라고 친절하게 설명하고 있다. 그런데 어떻게 하면 좋을까? 먼저 한 문단씩 읽은 후 '무엇에 대해 쓴 것이지?'를 생각해 간단히 메모한다. 나 같은 경우는 작은 포스트잇을 이용해 문단 옆에 소제목을 쓰고 해당하는 부분에 밑줄을 긋게 한다. 그리고 다 읽은 후 소제목을 적은 종이를 떼어 늘어놓고 줄을 그어 교과서에 있는 것처럼 관계도를 그리게 한다. 이렇게 하면 한 문단씩 무엇에 대해 쓴 글인지 생각하며 읽게 되고, 큰 제목과 작은 제목들이 어떻게 관련을 맺는지 자연스럽게 알게 된다. 이런 과정을 거쳐 글의 내용을 정리하면 한눈에 중요한 내용이 드러나게 된다. 앞에서 언급했듯이 중요한 내용을 골라 적어 놓았을 때는 그 내용을 아무리 핵심만 적어 놓았다 하더라도 다시 보기 위한 수고가 필요하다. 그러나 중요한 것들을 틀을 만들어 정리하면, 정리하는 동안 내용이 머릿속에 체계적으로 저장되고, 다시 볼 때 바로 알 수 있다는 장점이 있다.

교과서에 이런 틀이 나왔을 때는 그 안에 내용을 채워 넣는 데 그치지 말고 그 틀을 만들어 내는 능력을 배워야 한다는 것을 명심하자. 조금만 신경 쓰면 평생 써 먹을 요약하기 방법을 1학년 때 배울 수 있는 것이다.

2학년이 되면 (1학기 2, 5단원과 2학기 2, 5단원)에서 설명글을 읽고 중요한 내용 간추리기를 다시 한 번 배운다. 이때 역시 글을 읽은 후 틀을 주어 정리하도록 하고 있다. 1학년 때 이미 글을 읽으며 한 문단씩 내용을 메모하면서 읽는 방법을 이용해 틀을 직접 그려 가며 정리를 해 봤다면 어렵지 않을 것이다. 다시 한 번 강조하지만 빈칸에 알맞은 내용을 찾아 적는 것으로 만족하지 말고, 내가 그 틀을 그릴 수 있도록 해야 한다. 문단별 소제목 달기, 제목을 달게 된 이유와 관련된 글에 밑줄 긋기를 생활화하자.

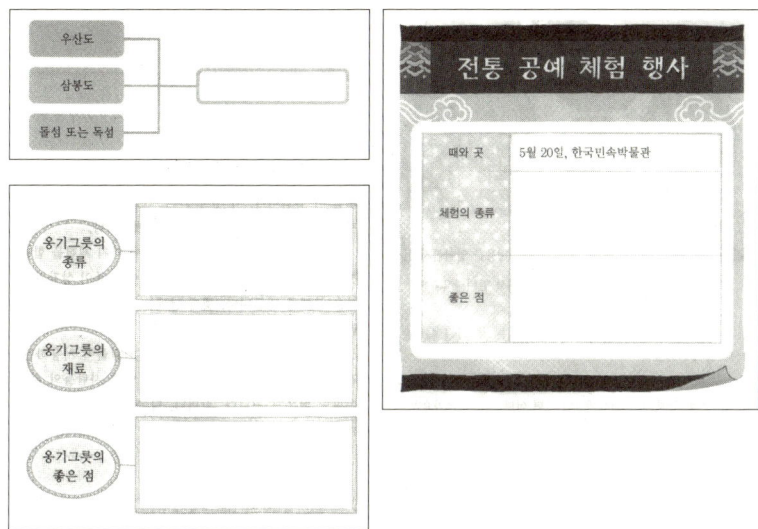

2학년 1학기 읽기 29, 75, 78쪽

그리고 2학기 5단원에서는 한 단계 더 나아가 글 속의 낱말들 사이의 관계를 배운다. 포함시키는 말과 포함되는 말의 관계를 파악하며 읽고 그 관계도를 그릴 수 있다. 이것은 글의 구조를 파악하기 위한 기초적인 읽기 방법이다.

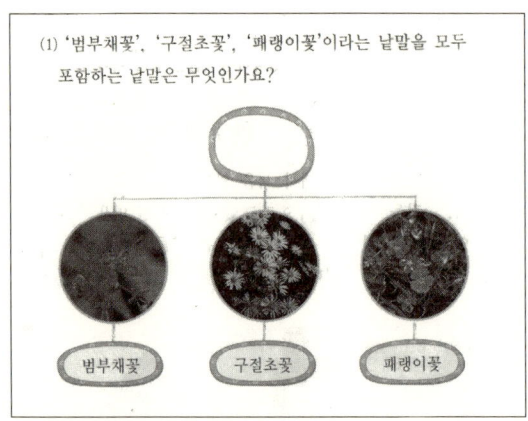

2학년 2학기 읽기 83쪽

3학년 1학기가 되면 문단의 중심 내용과 세부 내용 파악하는 방법을 가르친다. 각 문단이 무엇에 대해 쓴 글인지 알고, 그것을 설명하는 문장이 무엇인지 구분하면 된다.

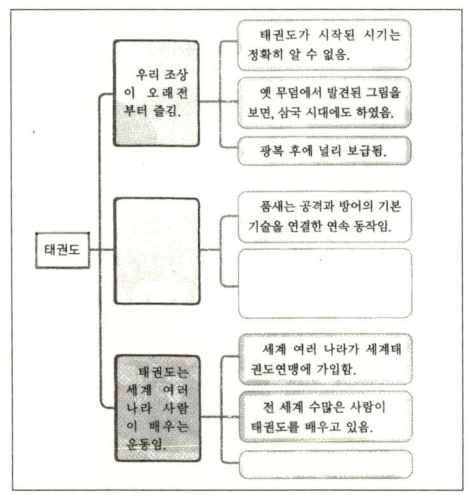

3학년 1학기 읽기 39쪽

3학년 2학기, 4학년 1·2학기에 걸쳐서 설명서를 읽고 일의 차례, 방법 파악하기, 정보를 찾으며 글 읽기, 신문·인터넷 자료 등 여러 자료에서 얻은 정보를 정리하며 글 읽기를 배운다. 이것들은 모두 3학년까지 배운 설명글을 읽고 요약하는 방법의 연장선상이다. 결국 짧게는 3학년, 길게는 4학년까지 설명글을 읽고 요약하는 방법과 필요한 정보를 얻는 방법을 모두 배우는 셈이다. 다시 말해 4학년을 마치면 학습을 위한 교과서뿐 아니라 정보를 전달하는 글을 읽을 준비를 모두 끝마친 상태가 되는 것이다. 내 아이가 몇 학년이든 간에 꼭 설명글 읽는 방법을 1학년부터 되짚어 보기를 바란다.

(3) 이야기글 읽고 줄거리 간추리기

　설명글에서 중요한 내용 요약하는 것만큼 이야기를 읽고 줄거리 간추리는 것도 독자가 반드시 갖추어야 할 기초적인 읽기 능력이다. 이야기를 읽었는데 주인공이 누구인지, 주인공에게 무슨 일이 일어났는지, 그 일이 어떻게 진행되었고 어떻게 해결되었는지를 알지 못한다면 그 글을 읽지 않은 것과 마찬가지다. 그런데 우리 아이들을 보면 글을 읽었다고는 하는데 물어보면 전체 내용 파악이 잘 되지 않는 경우가 꽤 있다. 이야기 순서를 뒤죽박죽으로 말하는가 하면 핵심을 피해 겉도는 이야기만 말하기도 한다. 그 이유는 어떻게 간추려야 할지 방법을 모르기 때문이다. 이 역시 초등 저학년부터 단계적으로 알려 주고 있는 읽기 교과서에서 해답을 찾아보자.

　1학년부터 5학년까지 읽기 교과서에서는 줄거리를 간추리는 다양한 방법들을 가르친다. 아주 초보적인 단계는 누구(주인공)에게, 어떤 일이 일어났는지 생각하며 읽는 것이다. 설명글을 읽고 요약하는 것보다 이야기를 읽고 줄거리를 간추리는 것을 더 어렵게 느끼는 아이들이 많다. 그래서 처음부터 '이야기를 간추려 보자.' 하지 말고 중요한 장면이 드러나는 그림을 이용해 일이 일어난 순서대로 늘어놓기, 그림을 보고 어떤 장면인지 말하기를 통해 자연스럽게 전체 이야기를 떠올리고 그에 맞게 줄거리를 간추리게 하는 것이 좋다. 읽기 교과서에서는 3학년까지 그림 단서를 이용해 줄거리를 간추리도록 하고 있다. 그만큼 어렵다는 것이다. 1학년 때부터 그림을 이용해 간추리는 것을 하다 보면, 곧 한두 개의 그림을 빼고 빈칸을 주어도 제법 내용을 잘 떠올리는 단계가 된다.

  1학년 2학기 때 '누가 무엇을 하였나? 어떤 일이 일어났나?'를 생각하며 글을 읽고 줄거리 간추리기를 한다. 그리고 2학년이 되면 이야기 꾸미기를 배운다. 이때 글의 내용을 간추리는 일이 우선되어야 한다. 그래야 이야기에서 벗어나지 않게 글을 꾸밀 수 있기 때문이다.

1학년 2학기 읽기 63쪽

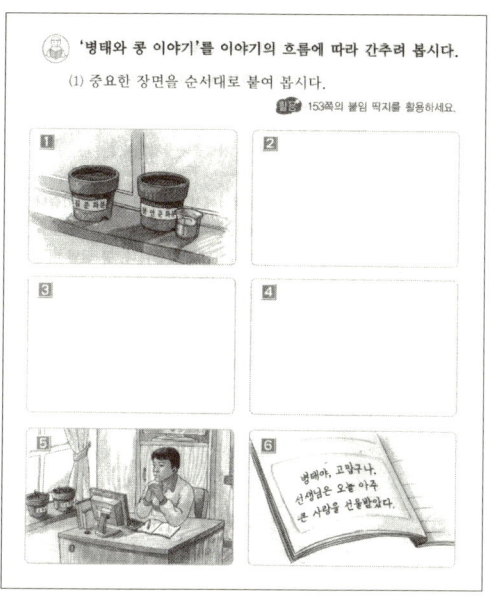

3학년 2학기 읽기 54쪽

　3학년이 되면 일이 일어난 차례에 맞게 간추리는 방법을 배운다. 글을 읽으면서 이른 새벽, 아침, 한낮, 저녁 무렵, 또는 여섯 살, 열 살 되던 해와 같이 시간의 흐름을 알 수 있는 말에 표시하며 읽고 그에 따라 간추리면 된다. 4학년 때는 기행문을 읽고 정리하기를 배우는데, 다닌 곳, 보고 들은 것, 생각하거나 느낀 것을 구별하며 읽어야 한다. 이때 필요하다면 3가지 색 펜을 이용해 각각을 다르게 표시하며 읽는 전략을 사용할 수 있다. 어떤 글을 어떻게 간추리는 것이 좋은지 그 방법을 잘 아는 독자는 글을 읽을 때 그 내용을 잘 파악하고 쉽게 정리할 수 있는 읽기 방법을 알고 있다. 이제 5학년이 되면 사건을 기록한 글을 읽고 사건의 원인과 결과를 파악해 정리하게 된다.

한 사건의 결과는 그 다음 사건의 원인이 된다는 것을 이해하면 된다. 4학년부터는 그림 단서 없이 이야기를 간추릴 수 있어야 한다. 이렇게 학년마다 이야기를 읽고 줄거리 간추리는 여러 가지 방법을 배웠다. 적어도 5학년 이상이 되었다면 이야기를 읽을 때 이것들을 자유자재로 사용해 대강의 내용을 간추릴 수 있어야 한다. 이때 중요한 장면을 빠뜨리지 않고, 순서에 맞게, 그러나 지나치게 길게 말하지 않아야 한다는 것을 꼭 명심하자.

설명글이든 이야기든 글을 처음부터 끝까지 읽은 후 '중요한 것이 무엇이더라?', '무슨 일이 있었더라?' 하고 생각하면 마치 글을 읽지 않은 것처럼 전혀 생각나지 않을 수도 있다. 이를 막기 위한 방법은 설명글 요약하기에서 말한 것처럼 한 문단씩 읽고, 옆에 메모하며 읽는 것이다.

읽기 교과서에서 배우는 읽는 방법 중 모든 교과서를 읽고 학습하는 데 반드시 필요한 읽기 능력인 어휘력 키우기와 요약하기를 집중적으로 살펴보았다. 이것들은 주로 1학년부터 5학년까지 단계적으로 가르치고 있다. 그렇다면 '6학년 때는 뭘 배울까?' 하는 의문이 들 것이다. 6학년이 되면 당연히 저학년 때 배운 방법들을 이용해 중요한 것을 파악하며 읽고, 낯선 낱말이 나오면 해결해 가며 읽는 것이 자유롭게 되어야 한다. 그리고 글쓴이나 등장인물의 가치 판단하며 읽기, 글쓴이의 의도 파악하기와 같은 차원 높은 읽기 방법을 배운다. 이렇게 한 단계 높은 읽기를 할 때 앞에 말한 어휘와 요약하는 능력은 이미 완벽하게 해낼 수 있어야 한다.

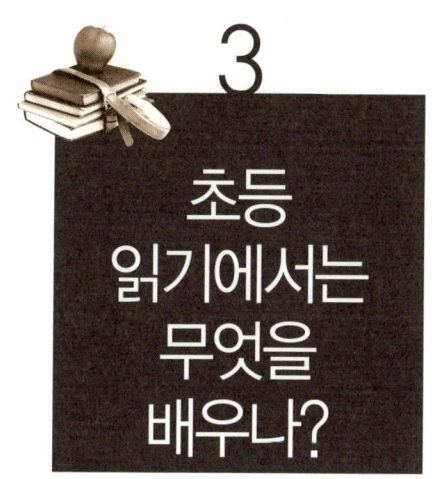

3
초등 읽기에서는 무엇을 배우나?

　읽기 교과서에서 가르치는 글 읽는 방법을 잘 익히면 전 학년 교과서를 읽을 수 있는 능력을 갖추게 된다. 읽기 교과서에서 이러한 읽기 방법들을 어떻게 가르치는지 그 학습 목표들을 파악해 만일 제대로 익히지 못한 부분이 있다면 전 학년을 넘나들며 반드시 익혀 두어야 한다.

　다음은 초등 국어 전 학년 읽기 학습 목표들이다.

1학년	1학기	2학기
1	낱말을 바르게 읽기	시나 그림 동화를 읽고, 생각이나 느낌 말하기
2	글자의 짜임을 알고, 소리 내어 읽기	글의 내용을 생각하며 소리 내어 읽기
3	문장 부호에 알맞게 글을 띄어 읽기	인물의 생각(뜻)이 잘 드러나게 글 읽기
4	말의 재미를 살려 글 읽기(반복되는 말)	글을 읽고, 대강의 내용 말하기
5	글을 읽고, 글쓴이의 생각 말하기	글을 읽고, 중요한 내용 간추리기 (표를 이용)
6	옛이야기를 읽고 재미있는 장면 표현하기	글쓴이의 경험과 내 경험을 비교하며 글 읽기
7		시나 이야기를 읽고, 재미있는 내용 표현하기

2학년	1학기	2학기
1	밀의 느낌을 살려 시 낭송하기	느낌을 살려 시나 이야기 읽기
2	설명하는 내용을 생각하며 글 읽기	• 새로 알게 된 내용을 생각하며 글 읽기 • 뜻이 비슷한 낱말 찾기
3	인물의 마음을 생각하며 실감나게 읽기	인물의 생각과 그 까닭을 알아보며 글 읽기
4	장면을 상상하며 재미있게 글 읽기	글에 나타난 마음을 생각하며 실감나게 읽기
5	글을 읽고, 내용을 정리하기 (알게 된 것 표로 정리)	• 글을 읽고 내용을 정리하기 (소제목, 중요한 내용, 표로 정리) • 낱말 사이의 관계 알기(포함하는 낱말)
6	의견을 생각하며 정확한 발음으로 글 읽기	의견을 생각하며 글 읽기 (광고, 주장 글)
7	이어질 내용을 상상하며 이야기 꾸미기	시의 느낌과 이야기의 내용을 살려 표현하기(뒷이야기)
8	인물의 모습이나 행동을 상상하며 이야기 읽기	

3학년	1학기	2학기
1	시나 이야기의 세계와 우리가 사는 세계 비교하며 읽기	• 시에 담긴 마음을 상상하며 시를 읽기 • 인물의 성격을 파악하며 이야기글 읽기
2	문단의 중심 내용과 세부 내용을 구별하며 설명글 읽기	• 낱말의 뜻을 찾아가며 글의 내용 파악하기 • 국어사전에서 낱말의 뜻 찾는 방법 알기
3	의견과 그 까닭을 알아보며 의견이 드러나는 글 읽기	• 이야기의 흐름에 따라 내용을 간추리기 • 이야기에 대한 의견과 생각, 느낌 비교하며 읽기
4	글쓴이의 생각이나 느낌을 알아보며 독서 감상문 읽기	글에 나타난 일의 방법 파악하기
5	일의 순서를 파악하며 설명글 읽기	• 문장의 종류 구분, 내용에 따라 문장의 쓰임 알기 • 상황에 알맞은 문장의 종류 생각하며 글 읽기
6	이야기를 읽고 깨달은 점 말하기	• 독서 감상문을 읽고 의견과 까닭 구별하기 • 이야기에 대한 의견 비교하기
7	일이 일어나는 차례에 따라 이야기를 간추리며 이야기글 읽기	인물의 마음이 표현된 방법, 인물의 마음이 드러난 부분을 알아보며 만화 읽기
8	문학 작품에 대한 생각이나 느낌을 알아보며 독서 감상문 읽기	

4학년	1학기	2학기
1	• 반복되는 표현을 살려 시 읽기 • 이야기 속 인물의 성격 알기 • 실감나게 읽기	• 시의 분위기 알기 • 시에 담긴 마음을 상상하며 시를 읽기 • 인물의 성격을 파악하며 이야기글 읽기
2	• 여러 가지 사전 알기 • 사전을 찾는 절차와 방법 알기	여러 가지 사전을 활용하며 글 읽기
3	글에 제시된 의견 비교하며 읽기	글쓴이의 의견과 내 의견 비교하고, 내 의견을 제시하기
4	• 예사말과 높임말의 차이 알기 • 높임말이 바르게 사용되었는지 생각하며 글 읽기	글에 나타난 표현이 적절한지 생각하며 글 읽기(높임말, 어울리는 표현)
5	필요한 정보를 찾아 내용을 정리하며 글 읽기	여러 종류의 자료에서 얻은 정보를 처리하면서 글 읽기
6	• 제안하는 글의 짜임과 표현 방법 알기 • 문장 성분 알기	글에 나타난 의견이 적절한지 판단하며 토의하는 방법 알고 토의하기
7	• 기행문에서 중요한 내용 정리하기 • 여행 경험에 대한 내 생각이나 느낌 표현하기	이야기의 배경과 인물의 특성을 생각하며 이야기 읽기
8	낱말의 뜻을 생각하며 글 읽는 방법 알기	

5학년	1학기	2학기
1	인상적인 부분이나 표현 찾으며 시, 이야기 읽기	인상적인 표현의 효과를 생각하며 시나 이야기 읽기
2	시간을 표현하는 말을 찾으며 사건을 기록한 글 읽기	사건과 시대 상황의 관련성을 생각하며 글 읽기
3	사전적 의미와 문맥적 의미를 구별하며 글 읽기	여러 가지 광고를 비교하며 비판적으로 읽기
4	서평을 읽고 내가 읽고 싶은 책 고르기	서평을 활용하여 필요한 책 찾아 읽기
5	사건의 원인이 되는 인물의 말과 행동에 주의하며 글 읽기	인물의 성격이 사건의 전개 과정에 미치는 영향을 생각하며 글 읽기
6	광고의 표현 특성을 이해하고 광고를 보며 내용과 의도를 파악하기	전기문을 읽고 인물의 가치관을 파악하며 나는 어떤 삶을 살 것인지 생각하기
7	내 생각과 경험에 비추어 시나 이야기 읽기	시나 이야기를 읽고 작품에 대한 내 생각이나 느낌을 친구들과 비교하기
8	인물의 삶이 당시의 현실과 어떤 관계가 있는지 생각하며 전기문 읽기	

6학년	1학기	2학기
1	시, 동화, 극본의 갈래 특성을 생각하며 문학 작품 읽기	인물 사이의 갈등을 파악하며 문학 작품 읽기
2	• 글쓴이의 관점을 생각하며 글 읽기 • 글에 나타난 고유어, 한자어, 외래어, 외국어 알기	글쓴이의 관점과 의도를 파악하며 설명하는 글 읽기
3	주장과 근거의 적절성을 생각하며 글 읽기	글쓴이의 생각과 가치를 파악하며 글 읽기
4	참여를 요구하는 글의 특성을 생각하며 글 읽기	웃음을 주는 상황을 생각하고 장면을 떠올리며 글 읽기
5	글쓴이의 의도나 목적을 파악하며 글 읽기	글쓴이의 의도나 목적이 나타난 글을 읽고 한글의 우수성을 설명하기
6	• 주장에 대한 근거의 타당성을 생각하며 글 읽기 • 이어 주는 말의 쓰임 생각하며 주장글 읽기	주장과 근거를 펴는 상황을 생각하며 글 읽기
7	비유적 표현의 특성과 효과를 생각하며 문학 작품 읽기	작품의 특성을 생각하며 좋아하는 문학 작품을 읽고 소개하기
8	웃음을 유발하는 표현의 재미를 느끼며 글 읽기	

* 읽기 교과서 '한 학기를 마치며' 참고 및 인용

사례 3

어휘 공부와 문단 나눠 읽기로 공부 방법을 터득한 민준이

5학년 민준이 엄마는 민준이가 3학년부터 국어 성적이 널뛰더니 5학년이 되고부터는 국어, 사회 점수가 형편없다고 걱정이다. 2, 3학년 때까지는 아빠까지 동원하여 가르쳐 봤지만 마음대로 되지 않아 지금은 보습 학원에 보내고 있다. 그런데 막상 시험 때가 되어서 문제를 풀게 해 보면 여전히 아는 것이 없다. 도대체 학원을 놀러 다니는 것인지, 공부하러 다니는 것인지 모르겠다.

남편은 학원을 아예 보내지 말라고 하지만 그럴 수도 없고, 결국 민준이 성적 문제로 부부 싸움을 한 것도 여러 번이다. 그래도 자식 문제니 머리를 맞대고 이렇게까지 된 원인이 뭘까 고민하던 끝에 평소 책을 전혀 안 읽어서 생긴 문제라는 점에 의견을 같이하게 되었다.

민준이 역시 좋은 성적을 받고 싶지만 잘 모르는 상태에서 공부를 해야 한다는 사실이 두렵고 불안했다. 더욱이 엄마나 아빠와 공부하다 보면 늘 야단맞고, 인정받지 못하니 점점 위축될 수밖에 없었다. 좋은 대학을 나와 좋은 직장에 다니는 부모 입장에서는 내 자식이 이 정도밖에 안 된다는 것을 인정하기가 쉽지 않다. 그래도 '우수한 유전자를 타고났으니 어떻게 해서라도 자꾸 반복해서 가르치면 되겠지.'라는 믿음을 버리지 못하고, 매일 아이랑 씨름을 한다. 그래서 남은 것은 부모 자식 모두 상처뿐이다.

5학년인 민준이의 읽기 능력을 진단한 결과를 보니, 어휘력이 3학년 수준에도 못 미쳤다. 그리고 자기 학년 국어와 사회 문제는 출제자의 의도를 전혀 파악하지 못하고 있었다. 부모가 붙잡고 씨름해서 얻은 점수가 국어 78점, 수학 75점, 사회 60점, 과학 88점이다.

어휘력이 너무 낮아 교과서를 읽어도 무슨 말인지 모르고, 당연히 그 내용이 머리에 들어갈 리 없었다. 문제에 있는 낱말을 몰라서 틀리는 경우도 있었다. 그리고 무엇보다 민준이는 공부를 해 보겠다는 의지가 너무 낮았다.

"우리 아빠는 ＊＊ 대학교 나왔고요. 엄마는 ＊＊ 대학 나왔어요. 그런데 내가 어떻게 엄마, 아빠처럼 공부를 잘하겠어요?"라는 말을 수시로 했다. 민준이는 아예 자기는 영원히 부모의 기대에 미치지 못할 것이라고 생각했다. 민준이 부모에게 물어보니까 '더 잘해라!', '더 잘할 수 있지.', '화이팅!' 이렇게 용기를 주기는 했지만 민준이를 한 번도 제대로 칭찬해 준 적이 없는 것 같다고 했다. 용기를 준다는 말이 오히려 아이를 얼마나 지치게 하는지 부모는 알지 못했던 것이다.

공부도 중요하지만 우선 민준이가 공부할 수 있는 내면의 힘을 키우는 노력이 필요했다. 아무도 칭찬해 주고, 격려해 주지 않는다면 자기 스스로 칭찬하고 격려해 줄 수밖에 없다. 그래서 민준이를 만나 제일 먼저 "민준아, 일주일 동안 네가 생각해도 참 잘했다고 생각되는 일은 뭐가 있는지 한 번 말해 볼래?"라는 질문으로 수업을 시작했다.

처음에는 "없어요.", "잘 모르겠어요."로 일관했다. 그래서 "왜 없니. 생각해 봐. 음, 선생님은 오늘 점심 때 라면을 먹었는데 밥을 말아먹고 싶은 걸 꾹 참았어. 정말 잘한 것 같아. 그것까지 먹었으면 우와, 얼마나 살이

찔까? 너도 생각해 봐." 그리고 칭찬거리를 생각나게 질문을 던졌다.

"오늘 낱말 카드 만들어 왔니?"

"네."

"정말? 일곱 개나 만들었네. 혼자 했니?"

"아니요. 엄마랑 같이 했어요. 그런데 제가 낱말 카드 만들자고 했어요."

"야, 잊지 않고 민준이가 만들자고 했다고? 숙제를 스스로 챙겼구나. 정말 잘했으니까, 민준이 네가 스스로 네 머리를 쓰다듬어 주렴."

이런 식으로 아주 사소한 것 하나라도 스스로 칭찬거리를 생각해 머리를 쓰다듬어 가며 칭찬하게 했다. 자기 스스로 자기를 기특하게 여기고 칭찬하는 힘을 갖는 것은 자존감을 높이는 아주 좋은 방법이다. 자존감이 높은 아이들이 공부도 잘하는 것은 당연한 일이다. 그렇게 자기를 소중히 여기고 괜찮은 아이라 여기는 연습을 같이 하면서, 교과서 읽는 방법을 공부해 나갔다.

우선 어휘력을 키우는 데 집중했다. 어휘력이 늘면 국어뿐 아니라 사회나 과학 같은 과목의 교과서를 읽을 때도 큰 도움이 된다. 읽기 교과서를 보면서 '모르는 말에 표시' 하라고 했다. 그랬더니 민준이는 후루룩 다 읽었다고 하더니, 한두 낱말을 표시하고는 모르는 말이 별로 없다고 했다. "그래? 그럼 선생님하고 다시 볼까?" 하고 몇몇 낱말을 물어보았다. 그랬더니 민준이 대답이 일품이었다. "어? 아까는 없었는데." 혼자 읽을 때는 눈에 띄지 않던 낱말이 갑자기 나타난 걸까? 이미 눈치챘겠지만 글의 내용에 신경 쓰지 않고 눈으로 글을 죽 훑어보고는 다 읽었다고 했기 때문이다. 그러니 당연히 모르는 낱말도 눈에 띄지 않을 수밖에 없다. 이번에는 "선생님이 몇 개 낱말을 골라 놓았거든. 이번에 민준이 네가 선생님이 고른 낱말을 몇 개 맞추는지 보자." 하고 다시 낯선 낱말을 골라 보라고 했다. 이때 내성적인 민준이가 너무 모르는 말이 많으면 위축될까 싶어서 '알 것 같기도 하고, 모를 것 같기도 한 낱말까지 모두 골라 보라.'고 했다. 그랬더니 한 쪽 분량의 글에서 모르는 낱말이 13개나 나왔다. 교과서에 이렇게 모르는 말이 많으니 수업을 따라가기 어려운 것은 당연했다. 이렇게 찾은 낱말을 앞에서 소개한 방법으로 공부하고 낱말 카드를 만들었다. 보통 고학년은 카드 대신 낱말 노트에 낱말을 정리하도록 하지만 민준이는 공부를 놀이처럼 접근하는 것이 좋을 것 같아 카드를 이용하였다. 점차 익숙해지면서 사회와 과학 교과서에 '주요 용어', '학습 용어'로 분류되어 있는 것들을 과목별로 다른 색깔 카드에 적어 자주 펼쳐 보았다. 더불어 문제집 속에서 모르는 낱말이 나오면 따로 적어 두었다가 문제집 낱말 카드를 만들어 자꾸 찾아 익히게 하였다. 그랬더니 문제를 잘못 이해해 생기는 오류가 줄어들었다. 일주일간 민준이에게 주어졌던 과제는 교과서에서 찾은 모르는 낱말을 매일 5개씩 적어 30개의 낱말 카드를 만들고 익혀 오는 것이다. 처음에는 이 숙제를 아주 힘들어했다. 특히, 짧은 글짓기를 아주 어려워했다. 전혀 어울리지 않게 낱말을 넣어 짧은 글짓기를 해 오거나, 어떤 낱말은 사전에 없다며 빈칸으로 가져오기도 했다. 사전에서 찾은 낱말 뜻 역시 별 생각 없이 찾아와 뜻을 읽고도 무슨 뜻인지 정확히 모르는 경우도 허다했다. 만들어 온 낱말 카드를 다시 보면서 민준이가 이해하는 말로 뜻을 바꾸는 작업을 하고, 다양하게 활용하는 연습을 하는 데만 1시간 이상 걸렸다. 그러다 차츰 익숙해져 4개월째로 접어든 지금은 그때의 반 정도 시간이면 충분히 해결하고 있다. 당연히 짧은 글짓기도 제법 상황에 맞게 잘하고 있다.

　낱말 공부와 함께 동시에 진행한 것이 교과서를 읽으면서 문단별로 소제목 붙이는 연습이다. 처음부터 5학년 교과서로 하는 것이 어려울 것 같아 처음 몇 번은 저학년 교과서 글을 이용했다. 소제목 붙이는 것은 제법 잘 따라와 수업 3번 만에 5학년 읽기 교과서로 공부할 수 있었다. 그리고 사회 교과서 한 문단씩 읽고 소제목 붙이기를 했다. 이 작업을 하니까 민준이는 "선생님, 이제 사회가 조금 쉬워졌어요. 좋은 공부 방법인 것 같아요."라고 했다. 읽어도 무슨 말인지 모르던 내용을 이제는 이해한다는 말이다. 정말 대단한 변화였다. 부모가 소리 지르고, 아이를 닦달하며 공부시킨 것도 아닌데 민준이가 스스로 교과서를 찾아 읽더니, 다음 시험에서 국어는 86점을 받았고 다른 과목도 80점 이상이었다. 민준이 엄마는 부모나 학원의 도움 하나 없이 오롯이 민준이 혼자 이룬 성과이기 때문에 부모가 억지로 만든 100점보다 기쁘다고 했다. 앞으로 민준이의 미래가 정말 기대된다.

2장
수학 교과서

수학 교과서 읽기

　수학은 다른 과목에 비해 일찌감치 학원이나 과외 등에 부모가 손을 내미는 과목 중 하나다. 예전 부모 세대가 산수(수학)를 배울 때에 비해 요즘 아이들이 배우는 수학은 계산의 과정을 아주 중요시한다. 그래서 부모들은 혹시라도 학교에서 가르치는 것과 다르게 가르쳐 문제가 될까 봐 걱정이 되어 어쩔 수 없이 사교육에 의지하게 된다.
　한 어머니가 아이와 공부하며 겪었던 어려움을 얘기했다.
　"3학년짜리 아들이 수학 숙제를 한다더니 세 자릿수 뺄셈을 들고 와서 어떻게 하는지 잘 모르겠다는 거예요. 뺄셈을 모르겠다는 아이가 한심하고 답답한 생각이 들어 이걸 왜 모르냐며 가르쳐 주었어요. 그런데 자꾸 엄마가 틀렸다며 그렇게 하는 것이 아니라는 거예요. 그래서 그렇게 잘 알면서 왜 물어보냐고 화를 내 버렸어요. 그런데 나중에 보니까 요즘엔 뺄셈을 여러 가지 방법으로 가르치고 있더라고

요. 받아 올림을 미리 생각해 백의 자리부터 계산하는 방법도 가르치는데 저는 그걸 모르고 예전에 배운 방법을 가르쳤던 거예요. 괜히 화낸 것이 미안하기도 하고 더 이상 내가 가르치면 안 되겠다는 생각이 들었어요."

그렇다. 3학년 1학기 수학 교과서를 보면 '여러 가지 방법'으로 계산하기를 배운다. 그런데 이것을 모르고 예전에 부모가 계산했던 방식으로 뺄셈을 가르쳐 줬다가는 크게 낭패를 본다. 다음은 3학년 1학기 수학 27쪽 사례이다.

> [활동 2] 684-387을 여러 가지 방법으로 계산하여 봅시다.
> * 387을 빼는 대신에 400을 빼고 13을 더하는 방법으로 계산해 보시오.
>   - 387에 13을 더하면 400이 된다.
>   - 684에서 387을 빼는 것보다 400을 빼는 것은 머리로 간단히 284가 남는다는 걸 셈할 수 있다.
>   - 그 후 284에 13을 더해 주면 이 역시 머리 셈으로 빠르게 297이 된다는 걸 알 수 있다.
> * 684와 387에 각각 13씩 더한 후에 빼는 방법으로 계산해 보시오.
>   - 684에 13을 더하면 697, 387에 13을 더하면 400
>   - 각각 13을 더한 697에서 400을 빼면 297이다. 역시 빠르게 계산 가능하다.

이처럼 혹시나 내가 학교에서 가르치는 것과 다르게 가르쳐 아이에게 혼란을 줄까 봐 못 가르치겠다는 부모가 꽤 많다. 그런 이유로 부모가 직접 아이를 가르치지 않는 것이 더 낫지 않겠냐는 질문을 하는 부모도 있다. 그럴 때 내 대답은 하나다.

"아이들의 교과서를 유심히 보세요. 그럼 옛날 방식대로 잘못 가르쳐 아이를 혼란스럽게 하는 일은 없을 겁니다."

　몰라서 못 가르치는 것과 알면서 아이 혼자 힘으로 하도록 지켜보는 것은 하늘과 땅 차이다.

2 수학 교과서의 구성과 편집 체재

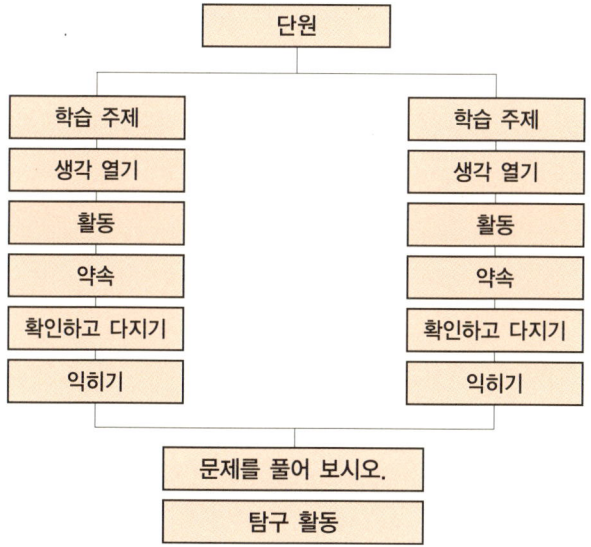

수학 교과서는 '수학'과 '수학 익힘책' 2권이다. 수학은 7~8개의 단원으로 구성되어 있고, 각 단원은 몇 개의 학습 주제로 나누어 학습할 수 있도록 짜여 있다. 소단원 목표 격인 학습 주제는 생각 열기, 활동, 약속을 한 다음, 다지기를 하고 익히기에서 배운 내용에 해당하는 문제를 스스로 풀어 본다. 이렇게 그 단원의 학습 주제들을 모두 익히고 나면 단원 내용을 얼마나 알고 있는지 문제를 풀어 확인하고, 배운 내용을 다른 방법으로 탐구하고 적용하는 것으로 단원을 마무리한다. '수학'이 학습 주제에 대해 이모저모로 생각해 보면서 새롭게 배우는 단원을 알아 가는 책이라면, '수학 익힘'은 말 그대로 수학에서 배운 내용의 문제를 풀어 보며 익히는 책이다. 수학 익힘의 문제들은 기본이 되는 아주 쉬운 문제부터 좀 더 깊이 생각해야만 풀 수 있는 문제까지 난이도를 높여 가며 익히도록 한다. 특히, '문제 해결'에서는 학생들이 복잡하고 어렵다고 생각하는 문제를 한 단계씩 생각하며 문제를 해결하는 과정을 익히도록 하고 있다.

4학년 1학기 수학 교과서 5단원을 예로 들어 수학 교과서의 구성과 편집 체재를 살펴보자.

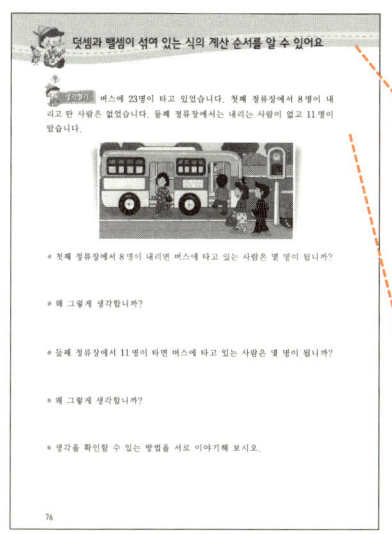

4학년 1학기 수학 76쪽

　'덧셈과 뺄셈이 섞여 있는 식의 계산 순서를 알 수 있어요.'라고 학습 주제를 제시하고 있다. 학습 주제는 단원명이자, 그 단원의 학습 목표인 혼합 계산, 즉 학생들이 덧셈, 뺄셈, 곱셈, 나눗셈, '( )·{ }'가 섞여 있는 계산을 할 수 있도록 하기 위한 작은 목표들이다. 주제에 따른 '생각 열기'는 혼합 계산을 할 때 알아야 하는 계산 순서를, '＊＊한 순서로 풀어야 한다.'고 가르치기 전에 혼합식을 어떤 순서로 풀어야 하는지 학생 스스로 차근차근 생각해 깨우칠 수 있도록 안내한다. 처음부터 어떻게 하는 것인지 알려 주는 것보다 '생각 열기'의 질문에 스스로 답해 가는 과정에서 알아내도록 해 보자. 수학은 누군가가 '이건 이렇게 하는 거야.'라고 알려 줘야 할 수 있을 거라는 생각을 버리고, '나 혼자서 깨닫고, 배워갈 수 있는 과목이구나.'하고 깨닫도록 계획된 질문을 잘 던져 주는 것이 좋다. 그 계획된 질문들이 바로 '생각 열기'다.

수학은 약속의 학문이다. '3과 2라는 두 수를 모으는 것을 3+2로 쓰고 삼 더하기 이로 읽는다.'와 같이 덧셈에 대한 약속을 하고 그렇게 계산한다. 그래서 약속이 중요하다. '활동'을 통해 덧셈과 뺄셈의 혼합 계산하는 방법을 익힌 후, '덧셈과 뺄셈이 섞여 있는 식은 앞에서부터 차례로 계산합니다.' 하고 '약속'한다. 약속한 수학 기호나 용어, 계산 방법 같은 것들이 수학의 열쇠가 된다.

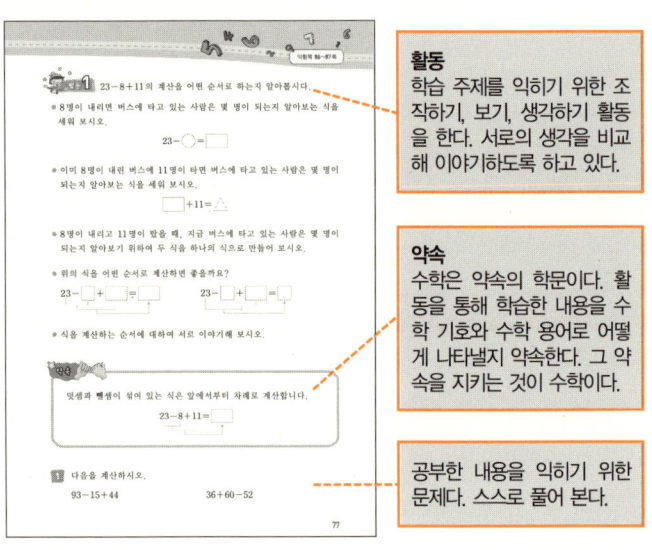

4학년 1학기 수학 77쪽

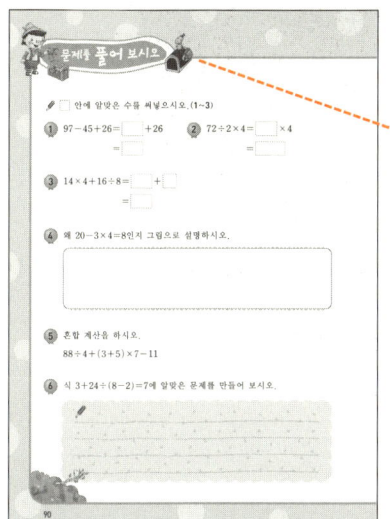

4학년 1학기 수학 90쪽

문제를 풀어 보시오.
단원에서 배운 내용을 어느 정도 알고 있는지 알아보기 위한 문제다.

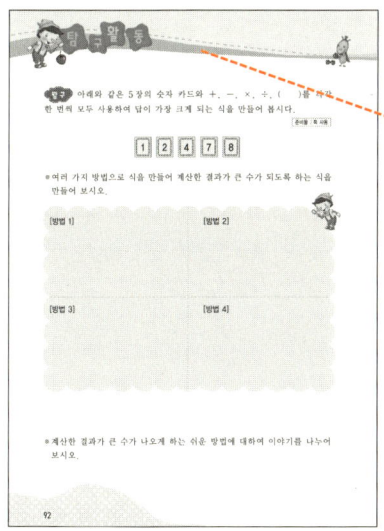

4학년 1학기 수학 92쪽

탐구 활동
단원에서 공부한 내용을 다른 방법으로 탐구하여 사고력을 키우는 활동이다.

3

수학 교과서 읽기 방법 배우기 실전

내 아이가 수학을 잘하게 하기 위해 부모들은 아주 어려서부터 공을 많이 들인다. 그래서 많은 문제집, 학습지, 학원을 동원해 아이들을 조련시키다시피 한다. 하지만 부모의 이런 노력과 아이들이 수학에 투자한 시간 대비 수학 실력은 기대 이하인 경우가 많다. 이럴 때 부모는 그 이유가 무엇인지, 도대체 어찌 해야 누구누구처럼 수학을 잘하게 될지 궁금한 것이 많다. 보통의 부모들이 갖는 궁금증에 대한 답을 교과서에서 찾아보자.

(1) 오답이 많다면 그 원인을 찾아야 문제가 해결된다

다른 어떤 과목보다 수학은 교과서에서 무엇을, 어떻게 가르치는지 그 과정을 반드시 파악하고, 아이가 어떻게 문제 풀이를 하고 있는지 유심히 관찰해야 한다. 수시로 아이의 수학 교과서와 문제집들을 살펴보자. 그래서 어려워하는 것이 있는지, 있다면 무엇을 어려워하고 어디까지 모르는지, 만일 틀린 것이 있다면 틀린 이유가 무엇인지 반드시 찾아내야 한다. 그래야 제대로 된 처방을 내려 문제점을 해결해 나갈 수 있다. 4학년 미연이 엄마는 미연이가 '000×000', '0000×00' 곱셈을 하는데, 10문제 중에 서너 문제씩 틀린다며 곱셈을 못해 큰일이라고 했다. 이유가 무엇인지 궁금해 곱셈 문제를 풀어 보라고 했더니 역시 몇 문제를 틀렸다. 그런데 미연이가 곱셈 문제를 푸는 것을 관찰해 보니, 미연이는 곱한 수들을 합산할 때 실수를 범했다. 이를테면 '7+8'을 '13', '6+7+5'를 '17'로 계산하는 것이었다. 그것을 모르고 계속 곱셈 문제만 연습했으니, 문제는 해결되지 않은 채 미연이는 미연이대로, 엄마는 엄마대로 힘들었던 것이다. 곱셈이 자꾸 틀린다는 미연이의 문제는 결국 정확하지 않은 덧셈 때문이었다. 그래서 덧셈을 정확하게 하도록 연습을 한 결과 세 자리 곱셈을 틀리지 않고 잘하게 되었다. 아이의 계산이 정확하지 않다면 단순히 '덤벙대서 그런다.', '성격이 급해서 그런다.'는 이유를 마음대로 갖다 붙이지 말고 유심히 관찰해 보길 바란다.

(2) 공식이 유도되는 과정을 아는 것이 더 중요하다

고학년이 될수록 문제를 풀 때 수학 공식을 사용하는 빈도가 높아진다. 삼각형의 넓이를 구할 때는 '밑변×높이÷2', 사다리꼴의 넓이는 '(아랫변+윗변)×높이÷2'라는 공식을 사용해 계산한다. 그런데 만일 삼각형이나 사다리꼴의 넓이를 구해야 하는데 공식이 생각

나지 않는다면 어떻게 해야 할까? 또는 분명히 넓이를 구하는 문제는 맞는데, 단순히 이 공식만 가지고 풀 수 없는 문제라면 어떻게 해야 할까?

* **평행 사변형과 삼각형을 이용하여 사다리꼴의 넓이를 알아봅시다.**

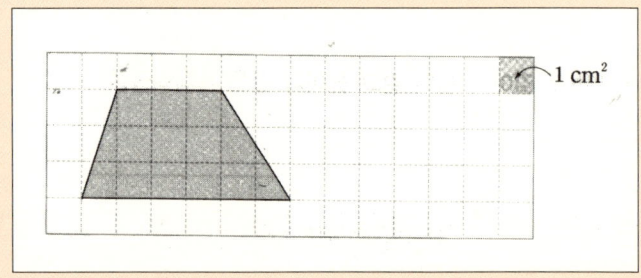

5학년 1학기 수학 105쪽

- 합동인 사다리꼴 2개를 이용하여 다른 모양의 도형을 만들 수 있다고 생각합니까?
- 어떤 도형을 만들 수 있습니까?
- 만든 도형의 넓이를 이용하여 구한 사다리꼴의 넓이는 얼마입니까?
- 사다리꼴의 넓이를 구하는 방법을 말해 보시오.

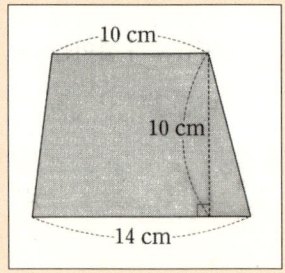

5학년 1학기 수학 107쪽

- 사다리꼴을 평행 사변형과 삼각형으로 나누어 넓이를 구할 수 있다고 생각합니까?

- 사다리꼴의 넓이를 구하는 방법을 이야기해 보시오.
- 평행 사변형과 삼각형의 넓이를 각각 구하여 보시오.
- 사다리꼴의 넓이는 얼마입니까?
- 활동으로 알게 된 점을 말해 보시오.

5학년 1학기 7단원에서 평면 도형의 넓이를 배운다. 그런데 교과서와 수학 익힘책을 유심히 봐도 우리가 외워 사용하던 공식이 눈에 띄지 않는다. 단지 삼각형과 평행 사변형을 이용해 사다리꼴의 넓이를 구하는 과정이 나와 있고, 이 과정을 통해 사다리꼴의 넓이를 구하는 방법을 터득하도록 알려 주는 것이다. 그 이유가 뭘까? 물론 그때그때 필요한 공식을 적용해 문제를 풀어 나가는 것도 꼭 필요하고 중요하다. 그래서 중·고등학교에 가서도 그 많은 수학 공식들을 외우고 그것을 이용해 문제를 푸는 것이다. 그러나 그보다 더 중요한 것은 그 공식이 유도되는 과정을 완전히 이해하는 것이다. 그래야 그 공식을 잊어버리거나, 변형된 문제가 나오더라도 해결할 수 있는 힘이 생긴다. 문제를 스스로 해결할 수 있어야 수학을 제대로 배웠다고 할 수 있다.

(3) 방학은 지금까지 배운 것들을 점검할 수 있는 좋은 기회다

방학이 시작될 무렵이면 엄마들은 서점에서 문제집을 고르느라 바쁘다. 다른 건 몰라도 수학만큼은 학기 시작 전에 문제집 한 권 정도는 미리 풀게 해야 한다고 굳게 믿고 있기 때문이다. '한 권은 아무것도 아니다. 학원 다니는 애들은 난이도를 달리해서 두 권 이상은 푼다.'며 문제집 한 권 가지고 될까 걱정하는 눈치다. 당연히 새 학기에 잘 해 보려는 굳은 결의는 알겠다. 그런데 아이가 이번 학기에 배운 것을 제대로 알지 못했다면 어떻게 하나? 수학은 계단처럼 한 단계 한 단계 과정을 밟아 나가야 하는 과목이다. 지난 학기, 지난 학년 때 배운 것을 잘 모르고서는 새 학기 수학을 잘 해 나가기 어렵다.

> 밑변이 $\frac{11}{8}$ m이고, 넓이가 $\frac{9}{14}$ m인 평행 사변형이 있습니다. 이 평행 사변형의 높이는 몇 m입니까?
>
> (6학년 1학기 수학 16쪽)

6학년 1학기 1단원 분수의 나눗셈 단원에 나오는 문제다. 이 문제를 풀려면 평행 사변형의 넓이를 알고 높이를 구하는 방법을 알아야 한다. 그러나 아이가 그 방법을 모른다면 '웬 평행 사변형의 높이를 구하라고 하지? 분수의 나눗셈을 배우고 있으니 분명히 나누기를 해야 하는 것까지는 알겠는데, 평행 사변형의 넓이를 어떻게 구하는지 모르겠어. 게다가 5학년 때 평면 도형의 넓이를 배울 때도 넓이가 주어진 상태에서 높이 구하는 것은 잘 못 했었는데……. 아, 모르겠다.' 하고 포기해 버릴지도 모른다.

수학은 학년이 올라갈수록 그 전에 배운 것들을 모두 동원할 수 있어야 문제를 해결할 수 있다. 내 아이가 다가올 학기에 수학을 잘하기 바란다면 방학 동안 지난 학기까지 배운 내용 중 혹시 약한 부분이 없는지 점검해서 그것을 해결하는 것이 현명하다. 그런 다음에 새 학기 대비를 하고 싶다면, 수학책과 수학 익힘책 정도를 풀어 보는 것이 좋겠다.

(4) 초등 수학에서 중등 수학을 볼 수 있다?

주변을 돌아보면 수학 좀 한다는 아이들은 1학기 선행 정도가 아니라 2~3학년 정도를 선행 학습하기도 한다. '누구는 **학원 수학 영재반이라더라. 누구는 5학년인데 중3 과정을 한다더라.' 라는 소문이 들리면 부모는 내 아이만 뒤처지는 것이 아닌지 불안해한다. 그래서 친구 ㅇㅇ보다는 잘해야겠다는 욕심, 조금만 열심히 하면 영재반에 들어갈 수 있다는 따위의 꼬임, 내 아이에 대한 막연한 기대감 등이 어우러져 아이를 자꾸 앞으로만 달리게 한다. 물론 진정한 수학 영재라면, 정말 수학을 잘하고 좋아해 그 방면으로 공부할 생각이라면 자기 능력에 맞게 선행할 수 있다. 하지만 그렇지 않고 평범한 아이라면 너무 앞선 선행은 멈추도록 하자. 몇 년씩 앞서가는 것이 부담스러운데도 억지로 따라가게 하면, 아이들은 지금 자기가 배우는 것을 오히려 풀지 못하는 문제가 생긴다. 5학년인 아이가 함수와 이차 방정식을 배운다고 하면서, 학교 시험을 몇 개씩 틀린다. 아이 말대로라면 중학교 2학년 이상의 실력을 가지고 있을 텐데, 5학년 수학 문제를 왜 틀리는 걸까? 그 까닭은 각 과정을 완전히 이해하고, 다지지 않은 상태에서 진도만 나갔기 때문이다.

수학은 선행 학습보다 우선되어야 하는 것이 바로 앞에서 배운 것을 잘 알고 있는지 확인하고 다지는 것이다. 사실 초등 과정에서 배우는 수학을 잘 보면 표현만 달랐지 중등 수학 과정과 크게 다르지 않다.

4학년 2학기 8단원이다. 두 수 사이의 관계를 식으로 내기를 배우고 있다.

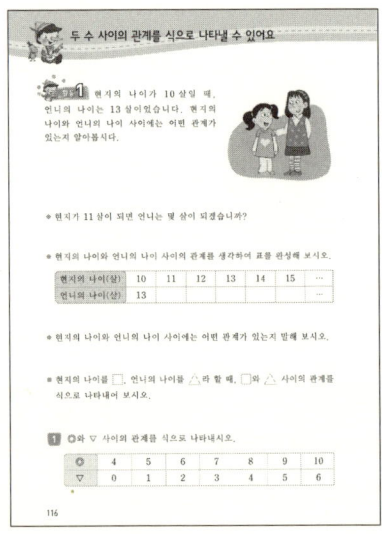

4학년 2학기 수학 116쪽

> 현지의 나이가 10살일 때, 언니의 나이는 13살이었습니다. 현지의 나이와 언니의 나이 사이에는 어떤 관계가 있는지 알아봅시다.
>
> (4학년 2학기 수학 116쪽)

현지의 나이를 □, 언니의 나이를 △라 할 때 □와 △ 사이의 관계를 식으로 나타내라고 한다. '△=□+3' 즉, 'y=x+3'으로 바꿀 수 있고, 이는 중학교에 올라가서 배울 관계식이다. 이뿐 아니라 초등에서 나오는 '□(어떤 수)'를 구하는 것은 중학 과정의 방정식에서 'x'

의 값을 구하는 것과 같은 문제다. 5학년 1학기 때 배우는 최대 공약수, 최소 공배수 역시 중학 과정에서 GCM, LCM으로 배운다. 내가 이 말을 하는 이유는 초등 시절 중학 과정을 배우는 것보다 지금 배우는 내용을 제대로 학습하는 것이 더 중요하다는 것을 강조하기 위해서다. 지금 배우는 것을 잘 알아야 앞으로 배울 것도 잘할 수 있다. 부모는 아이가 훌렁훌렁 앞서가는 것보다 천천히 가더라도 제대로 배울 수 있도록 길잡이를 해 주어야 한다.

(5) 문장제 문제 앞에서 당당해지자

문장제 문제만 나오면 풀지 않고 건너뛰는 아이들이 많다. 어떤 아이는 아주 당당하게 문장제 문제마다 별표를 해 놓고 어려워서 못 풀었다고 말한다. 부모들은 "우리 아이는 연산은 잘하는데, 문장제 문제만 보면 어려워해요. 절대 안 풀려고 해요." 하며 걱정한다. 문장제 문제를 어려워하는 아이들 중 대부분은 글을 읽고 이해하는 능력이 부족하다. 그런데 문제가 한 줄도 아니고 서너 줄씩 되는 문장으로 쓰여 있으니 머리가 복잡해지고 뭘 물어보는지, 어떻게 식을 세워야 하는지 알 수 없다고 생각하고 지레 겁을 먹는다. 하지만 수학에서 아무리 문제가 길어 봐야 읽기 교과서 한 문단보다도 짧다. 그러니 문제를 읽어도 무슨 말인지 모른다고 미리 겁먹을 필요는 없다. 문제가 길면 조금씩 나누어 읽고 생각하면서 풀면 된다. 문제를 어떻게 끊어 가며 푸는지 수학 교과서를 보자.

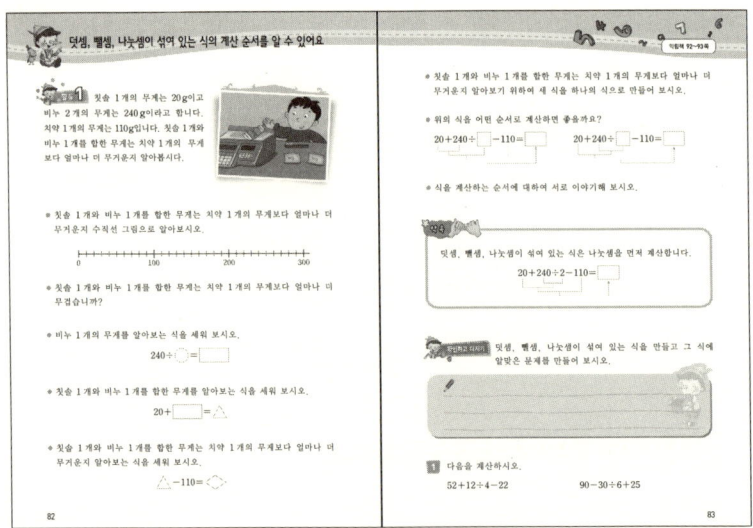

4학년 1학기 수학 82, 83쪽

    이와 같이 교과서에서 문장제 문제를 풀어 나가는 과정을 보면 하나씩, 조각내어 순차적으로 생각하는 방법을 가르친다. 그런데 이것이 바로 문제를 푸는 과정이라는 생각 없이, 단순히 답하기만 하면 그 좋은 장치를 써 먹지 못하는 것이다.

    이렇게 교과서에서 안내하는 대로 문제를 풀어 본 후, 비슷한 문제를 만들어 방금 문제 풀면서 거쳤던 방법대로 질문을 하고, 그 질문에 대답하면서 풀어 본다. 이렇게 쌍둥이 문제를 만들고 풀면서 문제풀이 과정을 알게 된다. 그리고 나면 그 이후에는 문제 푸는 과정을 떠올리며, 직접 문제를 보고 식을 만들어 풀면 된다.

다음 사례를 보자. 친절히 하나씩 생각하는 과정을 담고 있다. 이렇게 생각 과정을 따라 하고 비슷한 문장으로 된 문제를 풀어 본다. 그 다음의 예처럼 긴 문장으로 된 문제는 배운 대로 문장을 끊어 차례대로 작은 식을 세우면 된다. 그래서 작은 식들을 합하면 문제를 풀 수 있는 식이 완성된다. 이러한 순서는 교과서에서 배운 문제 풀이 과정과 일치한다.

3학년 1학기 수학 48쪽

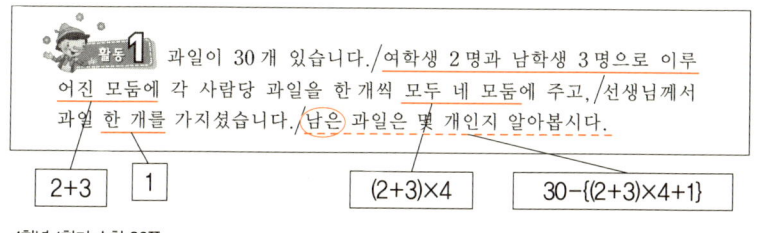

4학년 1학기 수학 86쪽

수학 교과서를 살펴보고 예전에 배우던 것과 많이 다른 방식으로 수학을 가르치고 있다는 것을 알았을 것이다. 아주 상세하게 문제 푸는 과정을 설명하고 있고, 아이에게도 그렇게 풀 것을 요구한다. 어떤 문제라도 문제를 푸는 원리를 제대로 알고 그 과정에 따라 문제를 풀 수 있도록 하려면 주먹구구보다는 교과서에 나오는 방법을 아이가 터득하도록 하는 것이 제일 좋은 방법이다. 그런데 처음부터 아이 혼자 터득하기 어려우므로 학교가 있고, 교사가 있는 것이다. 그리고 부모는 아이가 그렇게 잘 하고 있는지 지켜보면 된다. 그러기 위해서도 교과서를 가까이해야 한다는 걸 잊지 말자.

4. 부모가 자녀 수학을 가르칠 때 신경 써야 할 것

 수학은 빠르고 정확한 계산력을 바탕으로 한 사고력과 응용력을 요구하는 과목이다. 그래서 아이들이 싫어하는 걸 알지만 어려서부터 반복적으로 연산 훈련을 시키고 적어도 한 권 이상의 문제 풀이를 하도록 한다. 그런데 연산 훈련을 많이 하고, 사고력 수학이나 창의력 수학을 하기 전에 좋은 습관부터 바로잡는 것이 먼저다. 수학을 학습할 때 필요한 몇 가지 기본 요소를 살펴보도록 하자.

(1) 숫자 예쁘게 쓰자

 제일 먼저 숫자를 깨끗하고 예쁘게 쓰도록 해야 한다. 숫자를 대강 흘려 쓰면 자기가 써 놓고도 이 숫자가 '0'과 '6', '7'과 '1', '4'와 '9'를 구별하지 못해서 정확한 답을 내지 못하는 경우가 아주 많다. 숫자를 제대로 쓰지 않고 맞게 썼다고 우겨 보아야 소용없다. 처음 숫자를 쓸 때부터 또박또박 어떤 숫자인지 확실히 알아보게 써야 한다. 아이가 숫자를 엉망으로 쓰고 있다면 1부터 0까지 예쁘게 쓰는 연습을 따로 시켜서라도 습관을 고쳐야 한다.

(2) 연습장을 노트처럼 쓰자

수학을 잘하는 아이와 못하는 아이는 수학 문제를 풀이한 연습장만 봐도 단박에 알 수 있다. 수학을 못하는 아이의 연습장은 지저분하고 아주 산만하다. 어떤 문제를 어디에 풀었는지 도저히 알 수 없다. 다른 사람이 볼 때만 그런 것이 아니고 본인조차 구별이 안 돼서 기껏 문제 풀이를 하고도 답지에는 다른 문제를 풀이한 숫자를 적어서 틀리는 사례가 아주 많다. 숫자는 큼직하게 쓰고, 다른 문제랑 겹치지 않고 풀이 과정이 잘 드러나게 써야 한다. 이는 백번을 강조해도 지나치지 않는다.

노트를 정리할 때에는 반으로 나누어 양쪽에 문제 풀이를 한다. 똑같이 노트를 반으로 나누되 한쪽만 문제 풀이를 하고 나머지 한쪽은 빈 공간으로 두었다가 혹시 내가 푼 문제가 틀렸을 때 그 옆에 다시 풀어 비교해 본다. 중요한 것은 어떤 방식이든 자기가 풀이한 것을 알아볼 수 있게, 풀이가 틀렸을 경우 자기가 풀이한 과정을 확인할 수 있도록 문제 풀이를 해야 한다. 아이가 아무리 귀찮아해도 이것만은 절대 양보해서는 안 된다. 간혹 어떤 아이는 이렇게 하면 연습장 낭비라며 빽빽하게 쓰기를 고집하기도 하는데, 공부를 효율적으로 하지 못하면 종이보다 더 귀한 것들을 낭비하는 것임을 알아야 한다.

(3) 빨리 하기를 강조하지 말자

"빨리 풀어라. 이러다 시간 부족해서 다 못 푼다. 중·고등학교 가면 문제가 더 어려워지는데 이렇게 늦게 풀면 시간이 부족해서 큰일난다." 하며 빨리 풀 것을 재촉하는 부모들이 있다. 하지만 빨리 100문제 풀고 20~30문제 틀린다면 무슨 소용이 있을까? 뭐 그렇게 빨리 하기를 강요하는 부모의 생각이 아주 틀린 것은 아니다. 당연히 스피드도 중요하다. 하지만 더 중요한 것은 '정확도'다. 정확하게 풀 수 있으면, 점차 속도를 올려야 한다. 속도를 강요한다고 해서 그만큼 문제 풀이 속도가 올라가는 것이 아니다. 문제를 잘 이해하고, 정확하게 푸는 것이 결국은 속도를 올리는 지름길임을 명심하자.

5 수학에서는 무엇을 배우나?

　수학은 학년이 올라갈수록 그 전에 배운 것들을 모두 동원할 수 있어야 문제를 해결할 수 있다. 따라서 무턱대고 선행 학습을 하는 것보다 앞으로 배워야 할 내용을 잘 이해하고 문제들을 풀어 낼 능력이 되는지 점검하는 것이 우선되어야 한다. 만일 아이가 지금 배우는 것을 어려워한다면 과감하게 그 전 학년에서 배운 것들 중 부족한 것들을 먼저 해결하도록 해야 한다. 그러기 위해 초등 전 학년에 걸쳐 배우는 내용을 알고 있을 필요가 있다.

　다음은 초등 수학 전 학년에서 배우는 내용들이다.

1학년	1학기	2학기
1	5까지의 수	100까지의 수
2	9까지의 수	여러 가지 모양
3	여러 가지 모양	10을 가르기와 모으기
4	더하기와 빼기	덧셈과 뺄셈 (1)
5	비교하기	시계
6	50까지의 수	덧셈과 뺄셈 (2)
7		문제 푸는 방법 찾기

2학년	1학기	2학기
1	세 자릿수	곱셈 구구단
2	덧셈과 뺄셈 (1)	덧셈과 뺄셈 (1)
3	여러 가지 모양	길이 재기
4	덧셈과 뺄셈 (2)	덧셈과 뺄셈 (2)
5	길이 재기	분수
6	식 만들기	표와 그래프
7	시간 알아보기	문제 푸는 방법 찾기
8	곱셈	

3학년	1학기	2학기
1	10,000까지의 수	덧셈과 뺄셈
2	덧셈과 뺄셈	곱셈
3	평면 도형	원
4	나눗셈	나눗셈
5	평면 도형의 이동	들이와 무게
6	곱셈	소수
7	분수	자료 정리
8	길이와 시간	규칙 찾기와 문제 해결

4학년	1학기	2학기
1	큰 수	분수의 덧셈과 뺄셈
2	곱셈과 나눗셈	소수의 덧셈과 뺄셈
3	각도	수직과 평행
4	삼각형	사각형과 다각형
5	혼합 계산	평면 도형의 둘레와 넓이
6	분수	수의 범위와 어림
7	소수	꺾은선 그래프
8	규칙 찾기	규칙 찾기와 문제 해결

5학년	1학기	2학기
1	약수와 배수	분수와 소수
2	약수와 통분	분수의 나눗셈
3	분수의 덧셈과 뺄셈	도형의 대칭
4	분수의 곱셈	소수의 곱셈
5	도형의 합동	소수의 나눗셈
6	직육면체와 정육면체	자료의 표현과 해석
7	평면 도형의 넓이	비와 비율
8	여러 가지 단위	문제 해결 방법 찾기

6학년	1학기	2학기
1	분수의 나눗셈	분수와 소수의 혼합 계산
2	소수의 나눗셈	원기둥과 원뿔
3	각기둥과 각뿔	직육면체의 겉넓이와 부피
4	여러 가지 입체 도형	원기둥의 겉넓이와 부피
5	원주율과 원의 넓이	경우의 수와 확률
6	비율 그래프	방정식
7	비례식	정비례와 반비례
8	연비와 비례 배분	문제 해결 방법 찾기

* 수학 교과서 차례 인용

사례 4

예쁘게 숫자 쓰기와 천천히 풀기로
연산 오류와 풀이 시간을 줄인 영훈이

영훈이는 1학년 남자 어린이인데, 형이 공부할 때 따라왔다가 하도 엄마가 걱정을 해서 10분 정도 만났다. '연산 학습지를 3장 푸는 데 1시간이 더 걸리고, 게다가 오답이 많다.'는 것이 영훈 엄마 걱정의 요지였다. 영훈 엄마가 말하는 학습지 3장이래야 1학년 수준의 덧셈, 뺄셈 문제 54개 정도밖에 안 된다. 그런데 어떻게 1시간이 걸릴까? 아무리 재촉해도 1시간이 넘어야 겨우 끝낸다는 것은 연산 속도가 아니라 마음의 문제이다.

"영훈아, 학습지 하기 싫어?"

영훈이는 대답하지 않고, 고개만 끄덕인다.

"왜 하기 싫은데?"

"그냥."

"그냥? 아, 어려워서 하기 싫은 것은 아니구나."

"네."

"너는 이 학습지를 언제 하니?"

"밤에."

"아, 졸린데 하려니까 싫은 거야?"

"네."

"그럼, 지금은 어때? 졸리니?"

"아니요."

"그럼 지금 딱 한 쪽만 해 볼까? 한 쪽에 아홉 문제네. 그런데 선생님이 영훈이가 아홉 문제 푸는 데 시간이 얼마나 걸리는지 시간을 재고 싶은데……. 그래도 돼?"

영훈이는 알겠다고 고개를 끄덕인 뒤 문제를 풀기 시작했다. 두 자릿수 더하기 한 자릿수 계산 아홉 문제를 푸는 데 1분 2초가 걸렸다.

"우와, 아홉 문제나 푸는데 1분 2초밖에 안 걸렸네. 어디, 그럼 다 맞았는지 볼까?"

영훈이가 문제 푸는 것을 보니 덧셈을 편안하게 하는 데는 어려움이 없었다. 그런데 문제는 숫자를 이상하게 써서 '0'과 '6'이 구별 안 되는 것이 몇 개 있었다. 다른 숫자들도 학년이 올라가면서 숫자를 많이, 빨리 쓰게 되면 알아보기 힘들어질 가능성이 높았다. 그래서 숫자를 잘 쓰는 연습이 우선이란 생각이 들었다.

"영훈아, 숫자를 조금만 더 예쁘게 쓰면 좋겠구나."

"……."

"그럼 선생님이 숫자를 써 줄 테니까 그 위에다 예쁘게 그려 볼 수는 있겠지?"

처음 숫자를 배울 때처럼 숫자 쓰기 연습을 했다. 물론 선생님이 지켜보고 있으니 아주 천천히 예쁘게 그렸다. 늘 예쁘다고 칭찬해 주는 선생님한테 정말로 잘 보이고 싶었는지 아주 성의껏 쓰기 연습을 했다.

"우와, 영훈이가 이렇게 숫자를 예쁘게 쓰는 사람이었단 말이지. 그럼 지금처럼 숫자 예쁘게 쓰면서 한 장만 더 풀어 볼까? 그 대신 아주 천천히 풀어야 돼. 아까처럼 빨리 하지 말고."

일부러 천천히 하라고 강조했다. 그랬더니 마음 놓고 숫자를 천천히 또

박또박 쓰면서 풀이하는 것이 눈에 보였다. 시간을 잰 결과 '천천히'를 강조했는데도, 아홉 문제를 푸는 데 1분 16초밖에 안 걸렸다.

"영훈아, 이렇게 숫자를 예쁘게 쓰면서 천천히 했는데도 14초밖에 더 안 걸렸네. 틀린 것도 하나도 없어. 100점이야. 대단한걸."

천천히 숫자를 예쁘게 써도 시간이 아주 많이 걸리지 않는다는 것과 그렇게 하니까 틀리지 않는다는 것을 경험하게 했다. 앞으로 올 때마다 '1~0까지 10번 써 오기, 수학 학습지 천천히 예쁘게 숫자 써서 푼 것 가져오기'를 주문했다. 그렇게 몇 주 만에 영훈이는 확 달라졌다. 영훈이 엄마가 말하는 1시간이 지나도 3장을 못 푸는 문제는 졸린 시간을 피하고, 문제 푸는 총시간을 스스로 재도록 해서 말끔히 해결되었다.

사실 아이들이 부모의 예상 시간보다 훨씬 오랜 시간 책상에 앉아 있으면서 효율이 높지 않은 것은 보이지 않는 소극적인 반항의 한 표현일 수 있다. 또 하나 중요한 것, 10분도 안 걸려 문제를 다 풀었다고 해도 "다 했니? 그럼 이거 하자." 하며 강요하지 않아야 한다. 그렇게 하면 아이들은 '내가 빨리 해 봐야 엄마는 또 다른 공부를 시키니까 빨리하면 손해야.'라는 생각을 하고, 절대 시간 효율성을 높이지 않는다는 걸 알아야 한다.

3장
사회 교과서

사회 교과서 읽기

사회 과목을 떠올리면 어려웠다는 기억뿐이다. 초등학교 사회 시간에 무엇을 배웠는지 생각조차 나지 않고, 중학교 사회 시간에는 칠판 가득한 판서 내용을 베껴 적기만 했다. 사회는 무조건 외우는 과목이었다. 지도를 보고 산맥과 강을 외워야 했고, 국사 시간에는 왕, 사건, 연도를 달달 외웠다. 그렇게 외웠는데도 불구하고 지금 기억에 남아 있는 것이 별로 없다. 참으로 생산성 없는 공부를 했다.

사회 교과 공부법은 몇 십 년이 지난 지금도 크게 달라진 것이 없다. 우리 아이만큼은 제발 부모 세대처럼 어렵게 공부하지 말았으면 하는 간절함이 아이들을 사회와 관련된 탐방 프로그램으로 내몰고, 역사를 미리 가르친다는 학원으로 등을 떠밀어 보지만 그것들이 크게 도움되는 것 같지는 않다. 오히려 아이들을 더 힘들게 한다는 생각이다.

학창 시절 정말 어렵게 사회를 공부했던 선배 입장에서 나는 자주 이런 생각을 한다. 사회가 어렵지 않고 재미있는 과목이라는 것을 누군가가 알게 해 주었더라면, 사회는 암기 과목이 아니라 이해하는 과목이라는 것을 말해 줬더라면 얼마나 좋았을까?

사회는 그 어떤 과목보다 전체를 보는 눈이 필요한 과목이다. 왜 내가 이것을 알아야 하고, 이것이 다른 것과 어떤 연계성을 지니는지 알아야 한다. 내가 서 있는 이곳과 연관된 모든 것이 사회 과목이다. 생활 밀착형 과목인 것이다. 생각하기에 따라 아주 쉽게 배우고, 재미있게 공부하고, 많이 써 먹을 수 있는 실용 과목인 것이다.

1, 2학년 아이들은 공부가 크게 어렵다는 생각을 하지 않는다. 하지만 3학년 때부터는 달라진다. 그때 공부에 걸림돌로 작용하는 과목이 바로 사회다. 평소 잘 접하지 못한 개념어들이 등장하고, 관심을 두지 않았던 환경과 생활이 어쩌고저쩌고, 지도가 어쩌고저쩌고……. 무슨 말인지 어렵게만 들리는 것도 무리는 아니다. 그런 상태에서 단원 평가라도 보면 2학년 때는 받아 보지 못했던 점수를 받게 된다. 그러니 '난, 사회 못해.', '어려워.' 하고 각인되어 버리는 것이다. 초등학교 시절 사회를 쉽게 배우면, 상급 학교에 가서도 크게 거부감 없이 공부할 수 있다. 그러므로 사회 과목을 처음 만나는 3학년 때 사회가 얼마나 재미있는지 인식시키고 절대 무서운 과목이 아니라는 것을 알게 하는 것이 무엇보다 중요하다.

[사회 교과서의 구성과 편집 체재]

사회 교과서는 3개의 단원과 각각 4~5개의 제재로 구성되어 있다. 각 단원은 '단원 도입-주제(소단원) 학습-단원 정리'로 이루어져 있고, 소단원은 '단원 도입-살펴보기-풀어 보기-매듭짓기-되짚어 보기-더 나아가기'로 구성되어 있다.

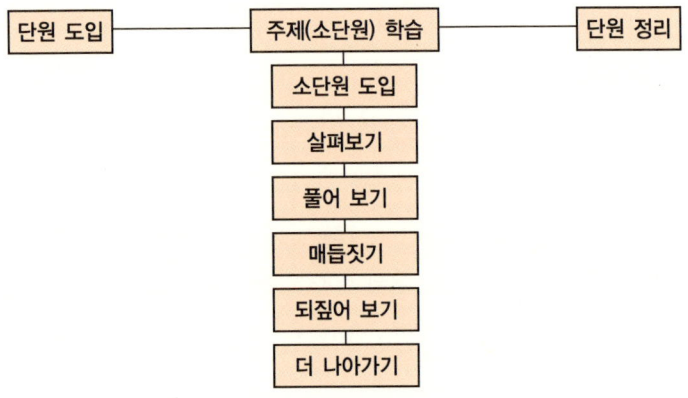

4학년 1학기 1단원을 예로 들어 사회 교과서 읽는 방법을 배워 보도록 하자.

소단원 제재는 ② 우리 지역의 자연환경을 예로 들겠다.

학습 내용

1. 우리 지역의 자연환경과 생활 모습
   ① 우리 지역이 자리 잡은 곳
   ② 우리 지역의 자연환경
   ③ 우리 지역의 생활 모습
   ④ 우리 지역 현장 답사

(4학년 1학기 사회)

4학년 1학기 사회 6쪽

단원 도입에서는 단원에서 배울 주제에 관련된 사진이나 삽화들을 제시해 단원을 배우기 전에 미리 생각해 볼 수 있다. 도입 부분에는 그 단원에서 무엇을 배워야 하는지 학습 목표를 제시하는데, 3·4학년 교과서에서는 도입 부분을 설명하면서 질문의 형태로 이 단원에서 무엇을 공부하게 되는지 알려 준다. 5·6학년 교과서에서는 따로 칸을 마련해 '**을 알아봅시다.', '**을 확인해 봅시다.' 형태로 목표를 제시한다. 그 단원을 모두 공부하고 나면 도입 부분에서 제시한 목표를 달성했는지 목표를 질문으로 바꾸고 그 질문에 답해 보면 알 수 있다.

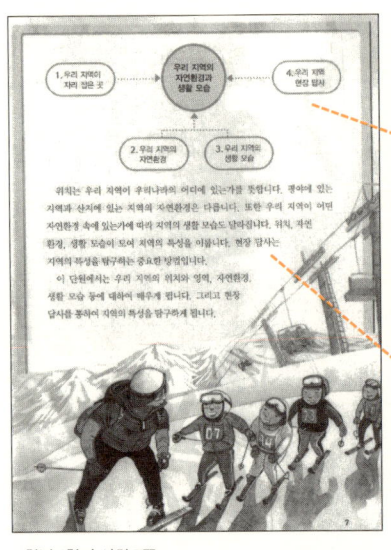

4학년 1학기 사회 7쪽

과거의 교과서와 달리 최근 개편된 사회 교과서의 가장 큰 특징이자 장점은 도입 부분에 목표뿐 아니라 각 제재들이 서로 어떻게 연결되어 있는지 학습의 흐름을 알 수 있도록 표로 정리해 놓았다는 점이다. 보통 아이들은 자기가 현재 읽고 있는 부분에 집중하느라 그 내용이 큰 주제와 어떻게 관련을 맺는지 생각하지 않는다. 미리 제재 간에 어떤 관계가 있는지 파악한 후, 본격적으로 제재 학습을 하는 것은 '내가 부산을 가기 위해 어떤 도로를 이용해 어디를 거쳐 갈 것이다.' 하고 알고 가는 것처럼, 단원 학습을 확실히 하는 데 큰 도움이 된다. 단원 학습을 모두 마친 후 이 표를 보지 않고도 소단원 간의 관계를 그릴 수 있도록 지도하면 준비와 마무리를 모두 확실히 한 것이 된다. 또한, 표와 함께 단원에서 무엇을 배울지 간단히 서술하고 있는데, 무작정 제재 학습으로 들어갈 것이 아니라 이 도입 부분에서 충분히 배경지식을 활성화시키고, 배울 내용이 어떤 것일지 예측하는 시간을 갖도록 한다. 그렇게 하면 관심을 갖고 흥미롭게 공부하는 데 훨씬 도움이 된다.

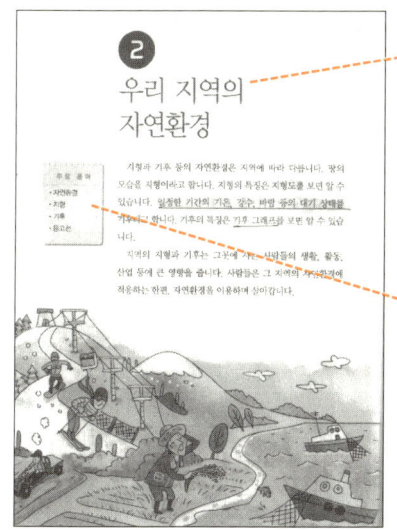

4학년 1학기 사회 16쪽

소단원의 도입 부분이다. 눈에 띄는 것은 소단원 제재와 주요 용어이다. 소단원 제재를 보고 '우리 지역의 자연환경과 생활 모습'이란 단원명을 다시 떠올리고, 그중에 지금은 '자연환경'을 배운다는 것을 확인한다. 이 단원명은 꼭 아이들에게 인지시켜야 한다. 교과서를 읽을 때 아이들이 흔히 저지르는 실수는 제재를 무시하고 바로 본문을 읽는 것이다. 그리고는 "지금 네가 무엇을 공부하고 있느냐?"는 질문을 하면 대답하지 못하고 머뭇거린다. 단원의 제재를 확인하는 것은 전체 흐름에서 자신이 공부하는 부분이 어디쯤이라는 것을 확인하는 과정이다.

소단원을 시작하기 전에 본문 옆을 보면 따로 칸을 마련해 주요 용어를 정리해 두었다. 이것은 소단원에서 학습해야 할 주요 용어들인데 일종의 개념어들이다. 사회에서는 개념어만 제대로 알아도 그 단원에서 배우는 내용의 대부분을 해결했다고 보아도 된다. 따로 정리해 둔 개념어의 뜻을 미리 알아보고 소단원 공부에 들어가도록 한다.

'살펴보기'는 그 단원에서 배울 내용을 살펴보는 것이다. 도입 부분에서 언급한 사람들이 어떻게 자연환경에 적응하고, 자연환경을 이용해 살아가는지에 관련된 자료를 보여 주고 있다. 그 자료를 살펴보고 '우리 지역의 지형과 기후의 특징은 무엇일까요?'라는 질문을 던진다. 이 질문에 대한 답을 미리 해 보고, 그 답을 찾아가며 소단원 학습을 하게 된다.

'풀어 보기'는 살펴보기에서 제시한 질문에 대한 답을 찾기 위한 활동들로 엮어져 있다. 이 단원의 풀어 보기는 '지도에서 땅의 높낮이를 어떻게 나타낼까요?' 사회과 부도에서 지형도를 보면서 우리 지역의 지형 분포 특성 살피기, 지역의 날씨와 기후 특징 알기의 활

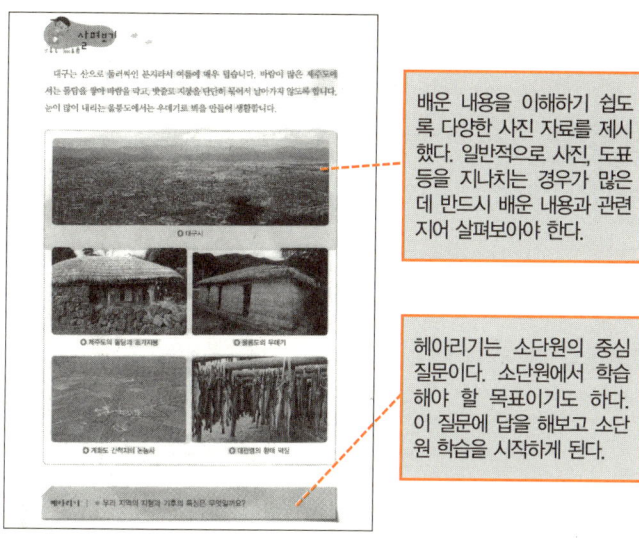

4학년 1학기 사회 17쪽

동을 한다. 이 활동을 통해 '우리 지역의 지형과 기후의 특징은 무엇일까요?'에 대한 답을 찾아가게 된다. 늘 강조하는 것처럼 지금 하는 활동들이 무엇을 알기 위한 활동인지 자주 확인하도록 하자. 이것이 처음에는 귀찮지만 습관이 되면 자꾸 확인하지 않아도 머릿속에 큰 그림이 그려지고, 그 그림 아래 지금 어느 부분을 공부하고 있는지 저절로 인지하게 된다. 보통 아이들은 선생님이 이것을 해라, 몇 쪽을 봐라 하고 안내하는 대로 별 생각 없이 공부한다. 이것은 마치 누구네 집을 찾아가는지도 모른 채 아무 집이나 문을 쑥 열고 들어가는 것과 같다. 내가 왜 이것을 배우고 있는지, 지금 배우는 것이 무엇과 관련된 것인지 끊임없이 확인하는 것만으로도 사회 성적은 쑥쑥 오를 것이다.

'매듭짓기'와 '풀어 보기'에서 활동한 결과들을 정리해 문제 해결의 결과를 정리하고, '되짚어 보기'에서 소단원에서 배운 것을 확인해보는 시간을 갖는다. 그리고 '더 나아가기'를 통해 그동안 배운 내용을 토대로 다양하고 폭넓은 사고 활동을 하도록 한다. 이번 소단원에서는 '우리 지역의 자연환경을 다른 곳에 사는 친구나 친척에게 소개하는 그림 엽서를 만들어 보기' 활동을 한다.

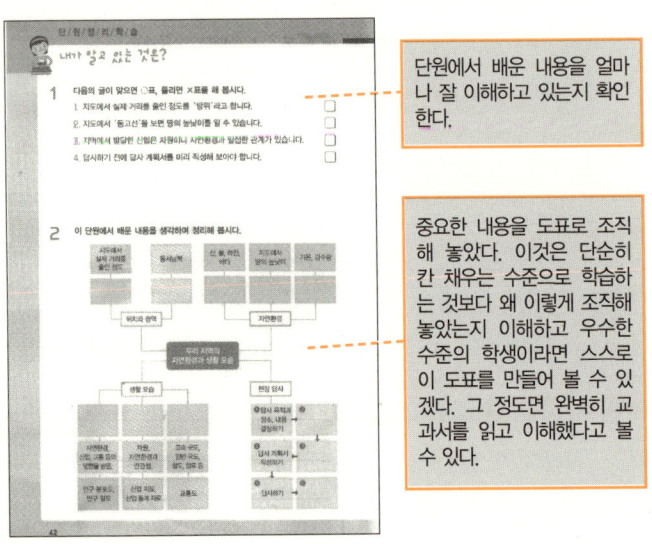

4학년 1학기 사회 42쪽

이렇게 각각의 소단원 학습이 끝나면 단원 정리 학습을 하게 된다. 그동안 배운 내용들을 총정리하고 심화하는 과정이다. 배운 것들을 표로 정리할 수 있다. 국어 '읽기' 교과서 읽는 방법을 설명할 때도 강조했듯이 이 역시 표에 알맞은 말을 찾아 적는 것에서 그치지 말고, 배운 내용을 자기 스스로 표 정리를 할 수 있도록 지도하는 것이 좋다. 성인인 부모가 봐도 어려운데, 아이 혼자서 정리할 수 있을까 걱정스러울 수 있지만, 이미 읽기 교과서에서 배운 것을 적용해 보는 것이라 생각하자.

이것을 한 번에 모두 하는 것은 어렵지만, 위와 같이 소단원 학습할 때마다 요약 정리하는 단계를 거친 것을 한데 모은다고 생각하면 간단하다.

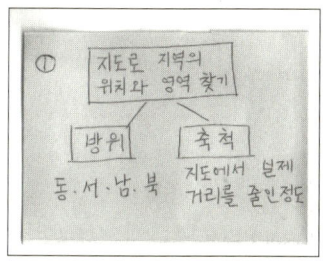 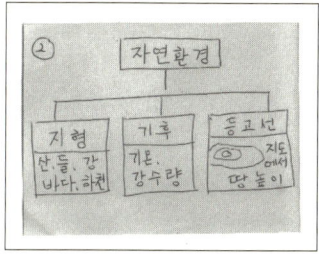

4학년 1학기 사회 1단원 소단원 1·2 요약

'생각을 넓혀요', '내가 할 수 있는 것은?' 꼭지는 단원의 학습을 마친 뒤에 배운 내용을 심화 학습하는 과정이다. '간추려 보아요'는 소단원에서 배운 내용 중 중요한 것을 간추려 단원을 마무리하고 있다. 이 역시 요약한 내용을 보는 것에서 그치지 말고, 자기 힘으로 간추려 보고 그것을 비교하도록 한다. 처음엔 힘들지만, 이러한 활동이야말로 우리 부모들이 꿈꾸는 자기 주도적 학습을 하기 위한 아주 중요한 과정이다.

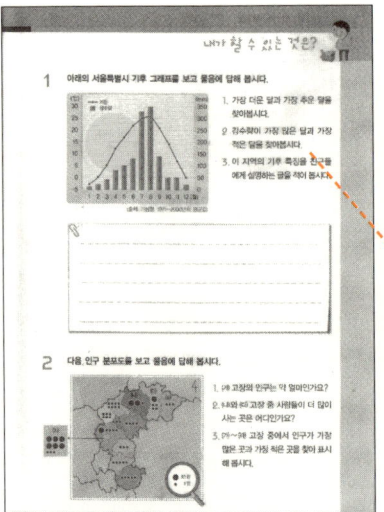

4학년 1학기 사회 43쪽

단원의 학습을 마치고 심화하는 과정이다.
특히 그래프와 지도가 나와 있다. 사회에서는 그래프, 도표, 지도를 읽을 수 있으면 반 이상 이해했다고 볼 수 있다. 이것을 읽어 질문에 대답할 수 있어야 한다. 본문을 읽을 때도 그래프, 지도 등이 있으면 아주 중요한 정보라는 단서라고 인식해야 한다. 이것만 보고도 본문의 내용을 짐작할 수 있다.

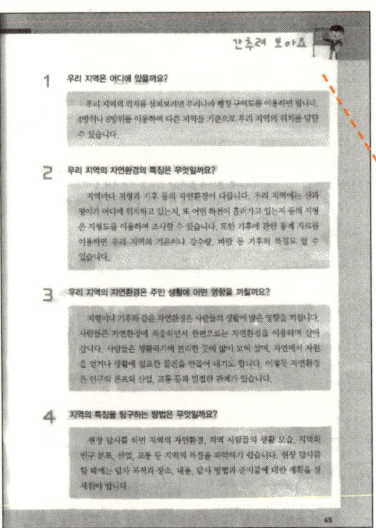

4학년 1학기 사회 45쪽

간추려 보아요
단원에서 학습한 내용을 바탕으로 소단원별로 중요한 내용을 간추렸다. 혼자 소단원별로 본문을 다시 한 번 보고 중요한 것을 간추린 후 비교해 보는 것이 좋은 학습 방법이다.

2 사회 교과서 읽기 방법 배우기 실전

초등학교 사회 교과서는 아이들이 직접 활동하고 탐구하면서 지식을 얻을 수 있도록 꾸며져 있다. 3학년 때 자기가 사는 고장을 아는 것에서 출발해 4학년이 되면 지역 사회, 즉 '시와 도'로 시야를 넓히고 5학년 때는 '우리나라의 생활과 모습', 즉 우리가 보통 말하는 우리나라 '역사'를 배운다. 그리고 6학년이 되면 더 시야를 넓혀 '국가 생활과 지구촌 시대의 우리'라는 큰 주제 아래 '세계 속의 우리나라, 세계 속의 우리, 나'를 바라볼 수 있도록 한다.

3학년 1학기	3학년 2학기
고장의 모습 고장의 자랑 고장의 생활과 변화	고장 생활의 중심지 이동과 의사소통 다양한 삶의 모습
4학년 1학기	4학년 2학기
우리 지역의 자연환경과 생활 모습 주민 참여와 우리 시·도의 발전 더불어 살아가는 우리 지역	경제생활과 바람직한 선택 여러 지역의 생활 사회 변화와 우리 생활
5학년 1학기	5학년 2학기
하나된 겨레 다양한 문화가 발전한 고려 유교 전통이 자리 잡은 조선	조선 사회의 새로운 움직임 새로운 문물의 수용과 민족 운동 대한민국의 발전과 오늘의 우리
6학년 1학기	6학년 2학기
우리 국토의 모습과 생활 우리 경제의 성장과 과제 환경을 생각하는 국토 가꾸기	세계 여러 지역의 자연과 문화 우리 경제의 성장과 과제 정보화·세계화 속의 우리

 사회는 다른 과목과 달리 내용의 이해를 돕기 위해 관련된 사진이나 그림, 도표, 지도와 같은 자료가 많이 제시되어 있다. 그래서 사회 교과서를 읽을 때는 본문 외에 지도, 그래프, 도표 등을 잘 읽어 내야 한다. 이 자료들은 본문을 설명하기 위한 자료로 제시되어 본문의 이해를 도울 뿐 아니라 한눈에 정보를 이해할 수 있도록 한다. 어떤 경우는 그것만으로도 중심 내용을 설명할 수 있다. 그래서 사회에서는 본문을 읽고 잘 이해하는 것과 더불어 그림, 지도, 도표, 그래프와 같은 자료를 읽어 내는 능력이 필요하다. 이 능력이 바로 사회 성적을 올릴 수 있는 중심이다. 그러므로 이 자료들을 읽는 방법을 아는 것만으로도 사회 교과서 읽기를 해결했다고 할 수 있다. 그런데 많은

아이들이 이 중요한 자료를 눈여겨보지 않고 본문만 읽기 때문에 사회를 아주 어렵고 외울 것이 많은 과목이라고 생각하는 것이다.

사회 교과서를 읽을 때는 모든 글을 읽을 때와 같이 기본적으로 모르는 말이 있는지 확인하고, 중요한 내용을 간추리며 읽어야 한다. 그리고 특별히 사회 교과서를 읽을 때 반드시 신경 쓰며 읽어야 하는 점은 용어, 즉 개념어를 찾아 익히고, 본문의 이해를 돕기 위해 제시되어 있는 그림 단서를 활용하며 읽어야 한다는 것이다. 또 그림과 도표, 그래프를 각별히 신경 쓰며 읽어야 한다. 이제 사회 교과서를 잘 읽는 방법을 배워 보도록 하자.

(1) 모르는 말 찾아가며 읽기

다음은 4학년 1학기 2단원의 지문 중 일부다. 읽어 보면 4학년 학생이 이해하기에는 어렵겠다 싶은 말이 꽤 많다. 실제 4학년 학생 몇몇이 이 글을 읽고 잘 모르는 말을 표시한 예이다. 2단원은 4학년 사회에서 아주 어려운 단원 중 하나인데, 모르는 어휘가 많으면 내용을 이해하기가 쉽지 않다. 낯선 낱말을 익히는 것은 국어의 '읽기'에서만 필요한 것이 아니다.

> 민주주의에서 선거는 중요합니다. 선거의 대표적 방법인 투표는 법에서 정한 나이가 되면 누구나 할 수 있으며, 한 사람이 한 표씩 할 수 있습니다. 투표는 자신이 직접 해야 하며, 자신이 어떤 후보를 선택했는지 비밀이 보장됩니다. 선거에 출마한 후보자들은 법에 따라 공정한 선거 운동을 통하여 주민들에게 자기를 지지해 줄 것을 부탁합니다. 지역 사람들은 우리 지역의 발전을 위해서 어떤 후보

가 적합한지 정당, 공약 등 다양한 기준을 고려하여 선출합니다.
　우리 지역이 더욱 발전하려면 지역의 대표를 잘 선출해야 합니다. 지역의 대표를 뽑는 선거가 어떻게 이루어지며 지역의 대표를 선출할 때 고려해야 할 기준에는 무엇이 있는지 알아봅시다.

(4학년 1학기 사회 2단원 56쪽)

〈낱말 카드 사례〉

정당
어떤 후보자가 적합한지 정당, 공약 등 다양한 기준을 고려하여 선출합니다.

뜻: 정치적으로 뜻을 같이 하는 사람들의 모임 (예: 민주당, 한나라당)
짧은 글: 사람들은 국회 의원 선거할 때 자기가 좋아하는 정당 후보를 뽑습니다.

공약
어떤 후보자가 적합한지 정당, 공약 등 다양한 기준을 고려하여 선출합니다.

뜻: 선거에서 후보자가 사람들 앞에 꼭 하겠다고 약속하는 것
짧은 글: 김형석은 학교 화장실을 깨끗하게 수리하겠다는 공약을 해서 전교 회장에 당선됐습니다.

　　　(앞면)　　　　　　　　　(뒷면)

　이렇게 다른 과목 교과서를 읽다가 모르는 말이 나오면 '읽기'에서 배운 방법대로 그 낱말의 뜻이 무엇인지 확실히 알고 넘어가야 한다. 물론 사회에서 개념어를 따로 뽑아 학습하지만 아이들이 표시한 낱말은 개념어 학습에서 제외된 낱말들이다. 평소 '읽기', '사회' 뿐 아니라 모든 교과서를 읽으면서 어려운 말이 나오면 그냥 지나치지 말고 따로 익히도록 하자. 나는 아이들에게 낱말 카드를 과목별로 따

로따로 만들기를 권한다. 예를 들면, 읽기 교과서 낱말은 하얀색, 사회 교과서 낱말(개념어 포함)은 파란색, 이렇게 구별해 둔다. 그러다가 사회 공부를 할 때 모르는 말이 나오면 파란색을 찾아보고, 없으면 다시 카드를 만들어 놓는 것이다. 가장 중요한 것은 잊지 않도록 자주 들춰 보는 것이다.

(2) 중요한 내용 요약하며 읽기

교과서를 읽으면서 중요한 내용을 요약하는 것은 모든 교과목을 공부할 때 반드시 필요한 일이다. '읽기' 교과서에서 배운 요약하는 방법을 떠올려 활용하면 된다. 읽기 교과서에서 배운 여러 가지 읽기 방법들은 이렇게 다른 과목 교과서를 읽을 때 바로바로 적용할 수 있어야 한다. 그것이 잘 안 된다면? 아마 충분히 연습하지 않았기 때문일 것이다. 지금부터라도 교과서를 펼쳐 놓고 연습하자. 우선 제목을 확인하고, 문단별로 무엇에 대해 말하고 있는지 소제목을 적어 가며 그와 관련된 부분에 밑줄 긋기, 그리고 그것들을 모아 적어 보기를 하는 것이다. 이것이 바로 요약하기의 기본이다. 줄글로만 쓰지 말고, 표로 그려 보는 것도 좋다.

〈사회 요약 사례〉

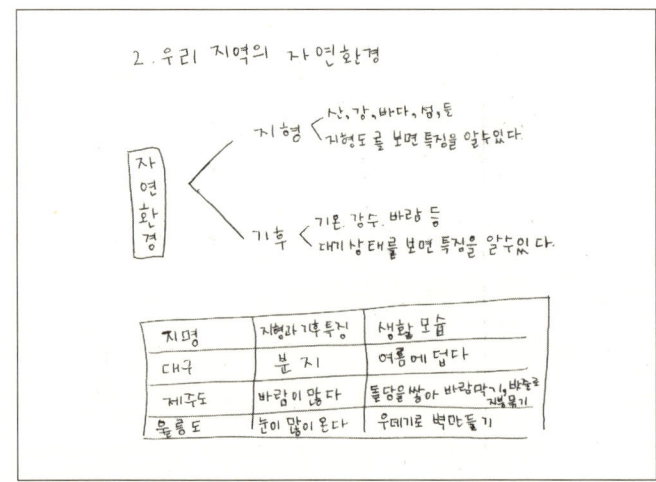

4학년 1학기 1단원

(3) 그림 단서 활용하며 읽기

> 지방 자치 단체의 기관에는 주민이 직접 선출한 단체장이 있는 시·도청과 시·도 의원으로 이루어진 시·도 의회가 있습니다. 두 단체는 지역의 살림살이를 결정하고 맡아서 일을 합니다.
>
> (4학년 1학기 사회 50쪽)

위 글에서는 지방 자치 단체가 무엇이고, 어떤 일을 하는지 간단하게 서술해 놓았다. 그런데 이 글만 읽어서는 지방 자치 단체에 대해 이해하기 어렵다. 그러나 아래 그림을 제대로 읽어 내기만 한다면 지방 자치 단체에 대해 확실히 알 수 있다.

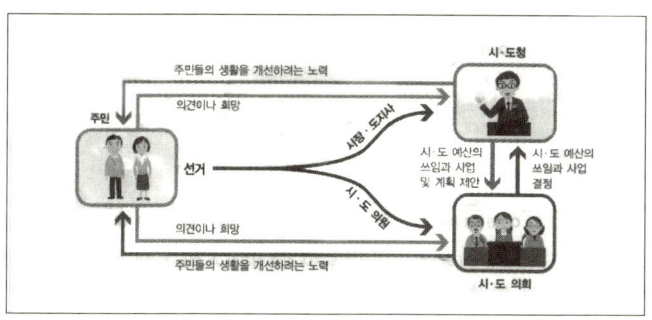

4학년 1학기 사회 50쪽

문제는 아이들이 이런 그림이 나오면 뭔가 복잡할 것이라는 생각에 아예 읽으려고도 하지 않는다는 점이다. 다른 교과서도 그렇지만 특히 사회 교과서에 등장하는 이런 종류의 그림은 글로 이해하기 어려운 부분을 효과적으로 설명하기 위해 마련한 것이니 꼭 읽어야 한다. 이때 그림을 그대로 읽는 것도 좋겠지만, 주민, 시·도청, 시·도 의회 그림을 놓고 화살표를 그려 가며 어떻게 관계가 있는지 따져 보는 것이 더 좋다. 이 그림 같은 경우는 시·도를 한번에 얘기하지 말고 시 또는 도 하나만 예로 설명하자. 가끔은 시·도청을 하나의 단체로 이해하는 아이도 있다. 가능하면 단순하고 쉽게 이해하고, 후에 덧붙이는 방식을 취하는 것이 보다 쉬운 방법이다. 예를 통해 알아보자.

> 자, 우리가 주민이야. 우리 서울시 지방 자치 단체는 서울 시청과, 서울시 의회가 있어. 시청의 시장과, 시 의회의 의원은 우리 주민이 투표(선거)해서 뽑는 거란다. 시청에서 일하는 시장과 공무원들은 우리 주민들의 일꾼이라고 생각하면 돼. 그리고 시 의원은 우리 모두를 대표하는 사람들이지. 그래서 시청에서는 시에서 주민을 위한 사업을 벌이기 위한 예산과 사업 계획을 우리의 대표인 의회에 제안

하고, 의회는 시의 예산을 어떻게 쓸지, 어떤 사업을 벌일지 결정하게 되는 거야. 주민들은 시청과 의회에 바라는 것이 있거나, 의견을 전달하면, 두 기관에서는 각각 주민들의 의견과 희망을 받아들여서 주민들의 생활을 개선하려는 노력을 하게 되는 거란다. 자, 너도 한번 화살표를 그려 가면서 얘기해 볼래?

(4) 용어 '개념어' 익히며 읽기

 소단원이 시작되는 도입 부분에는 따로 '용어 정리'라고 하여, 그 단원에서 반드시 알아야 할 '개념어'를 모아 두었다. 이 용어들을 따로 눈에 띄게 뽑아 놓은 의도는 이것이 아주 중요하니 반드시 익히라는 것이다. 이것들을 이해해야 그 단원의 공부를 제대로 할 수 있기 때문이다. 그럼 이것들은 어떻게 익혀야 할까? 어떤 아이들은 개념어를 미리 알아보라고 하면 국어사전을 찾아 그 뜻을 적어오기도 한다. 그런데 주요 용어 옆의 소단원 도입부 지문을 잘 읽어 보면 그 뜻이 알기 쉽게 설명되어 있다. 아이가 그곳을 읽고 발견한다면 아주 칭찬할 만한 일이다. 이때 연필을 쥐고 용어의 뜻을 표시하며 읽도록 안내하면 좋겠다. 그리고 이 용어들은 따로 용어집을 만들거나 카드 형태로 만들어 자주 보고 익힐 수 있도록 장치를 마련해 주면 좋다. 용어와 용어를 설명하는 말은 색깔을 달리하거나, 줄 긋는 방식을 달리해 '용어'를 '용어 설명'보다 강조하여 표시하면 무엇이 무엇을 설명하는지 나중에도 금방 알아볼 수 있다는 것을 알려 주자. 이렇게 하나씩 중요한 것에 표시하는 요령을 익혀 간다.

〈용어 밑줄 긋기 사례〉

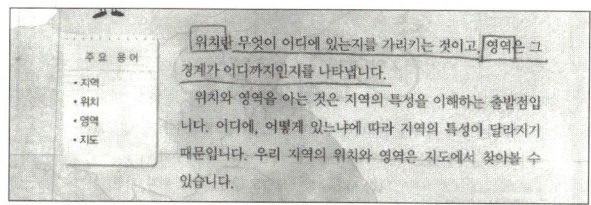

4학년 1학기 사회 8쪽

(5) 지도 읽기

'사회' 하면 제일 먼저 떠오르는 것이 지도다. 적어도 사회 공부를 하려면 지도를 보고 읽을 수 있어야 한다. '지도를 읽는다' 는 것은 지도를 보고 그 지도가 무엇을 알려 주려는 것인지 알아채는 것이다. 그런데 그것이 말처럼 쉬운 것은 아니다. 그 이유는 그것이 어려워서라기보다 지도를 읽어 낼 수 있는 아주 기초적인 교육이 이루어지고 있지 않기 때문이다. 그래서 교과서에 지도가 등장해도 지도는 지도, 본문은 본문으로 따로 보는 경우가 많다. 이것들을 어떻게 활용해야 하는지 모르기 때문에 지형도를 보고 산맥, 강, 평야 같은 것들을 외우기만 하고, 제대로 써 먹지 못하고 있다. 지도를 보고 글의 정보와 연관 지었다면, 사회 공부의 반 이상은 거저먹는 것이나 다름없는데 안타깝다.

지도는 땅 위의 자연환경과 사람들이 살아가는 모습을 여러 가지 기호와 색, 선 등으로 나타낸 그림이다. 지도를 잘 읽어 낼 수 있으면 지리는 물론이고, 국사・세계사・정치・경제・문화 등에 대한 지식의 폭을 넓힐 수 있다. 사회와 친해지려면 교과서와 함께 항상 사회과 부도를 끼고 살다시피 해야 한다. 그리고 지도책을 펴 놓고 여행했던 길도 찾아보고, 뉴스 같은 곳에 등장하는 지명도 찾아보는 등 늘 지도에 관심을 갖는 것이 필요하다. 그래야 사회 교과서에 지도가 등장해도 어려움 없이 읽어 낼 수 있게 된다.

❶ 위도 읽기

지도를 제대로 읽어 내려면 위도와 지형에 대한 이해가 앞서야 한다. 그중 위도는 그 지역의 기후를 알 수 있는 가장 중요한 정보다. 기후가 그 지역의 생활·문화·산업 등에 지대한 영향을 끼친다는 면에서 지도를 통해 어떤 지역에 대한 정보를 읽어 내기 위해서는 반드시 그 지역이 어떤 위치에 있는지부터 확인해야 한다.

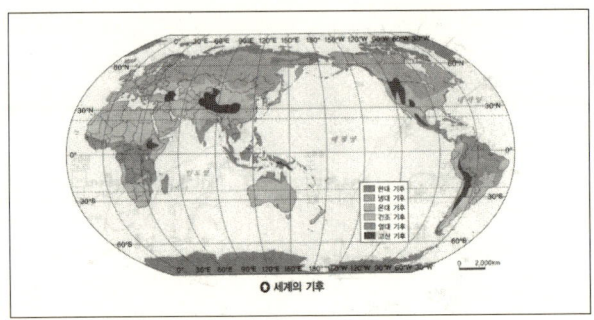

6학년 1학기 사회 17쪽

지도를 통해 세계 기후를 파악하는 과정을 사례를 통해 알아보자. 아이에게 지도를 보면서 다음과 같이 설명해 준다.

| 사례 |

"자, 여기 지도를 보자. 지도에서 옆으로 그어져 있는 선을 위도라고 해. 가장 가운데 '0'이라고 써 있고 빨갛게 그어진 선이 바로 적도란다. 이 적도는 지구에서 가장 뚱뚱한 곳이야. 그래서 태양하고 제일 가깝게 있지. 그리고 북쪽 끝이 90도인데 북극이라고 하고, 남쪽 끝 90도를 남극이라고 해. 그럼 지구에서 가장 더운 곳은 어디일까?"

"여기 적도 있는 곳이요."

"그래, 바로 적도 부근이겠지. 그럼 제일 추운 곳은 어디일까?"

"북극과 남극이겠지요."

"그래, 적도를 기준으로 북쪽과 남쪽으로 갈수록 추워지는 거란다. 그럼 우리나라를 기준으로 다른 지역들은 기후가 어떨지 말해 볼까? 지도를 잘 봐. 우리나라는 어디에 위치하고 있는지 알고 있니?"

"우리나라 중심에 38선이 있으니까 그쯤이겠네요."

"그렇지! 지도를 보면 30도에서 40도 근처에 있다는 것을 알 수 있을 거야. 정확하게는 북위 33~43도의 중위도에 있단다."

"중위도가 뭐예요? 지구 가운데를 말하는 거예요?"

"그렇지. 보통은 20~50도 사이를 중위도라고 해. 이 지역은 모두 비슷한 기후를 가지고 있겠지? 그럼 우리나라와 비슷한 위치에 있는 다른 나라들의 기후를 예측할 수 있겠구나."

"우리나라가 봄, 여름, 가을, 겨울 사계절이 뚜렷하고 따뜻하니까 다른 나라들도 그렇겠지요?"

"그렇지. 물론 위도만이 기후를 결정하는 것은 아니란다. 주변에 바다가 있는지, 산이 있는지, 바람이 어디에서 부는지에 따라 영향을 받지. 그래도 기본적인 정보는 위도에서 얻을 수 있어. 그리고 그 나머지 요인들이 어떻게 작용하느냐에 따라 약간씩의 변화가 있다고 생각하면 아주 편하게 세계 각 지역의 기후를 이해할 수 있어."

❷ 바다, 산맥, 강 그리고 색깔 읽기

　기본 지도인 '지형도'를 보면 우선 눈에 띄는 것이 색깔의 차이다. 평야는 초록색, 지형이 높을수록 짙은 갈색, 수심이 깊을수록 짙은 파란색이다. 그래서 지도의 색깔만 봐도 '아, 이 지역은 높은 산이 많은가 보군. 이렇게 죽 산이 늘어서 있으니까 산맥이라 하는구나. 아, 이 지역은 평야로구나.' 하는 것을 알 수 있다.

　예전 학창 시절을 되돌아보면 '＊＊산맥', '＊＊강', '＊＊평야' 하며 달달 외웠던 기억이 난다. 그런데 어떤 산맥이 어디에 있는지, 강이나 평야가 어디에 위치해 있는지는 잘 기억나질 않는다. 위치와 이름 모두 기억하는 것은 태백산맥 정도다. 그 이유가 뭘까? 그것은 아마도 산이며 강, 평야 이런 것들을 왜 외워야 하는지 그 이유를 모르는 채 단순히 쪽지 시험에 통과하기 위해 외웠기 때문일 것이다. 사실 그것들의 이름을 아는 것보다 더 중요한 것은 어느 위치에 산맥이 있고, 어느 곳에 강과 평야가 있는지 아는 것이다. 높은 산맥과 강들은 도의 경계가 되고, 강 하류에 평야가 있고, 그 강과 평야를 중심으로 사람들이 모여 살았다는 걸 알면 된다. 물론 이름도 알아야 '＊＊평야' 하면 '어, 어디쯤이지!' 하고 떠올릴 수 있다. 위치와 이름을 연결 짓지 못하고, 단순히 이름만 외우는 것은 아무런 의미가 없다.

　우리나라는 동쪽과 서쪽의 기온 차이도 크다. 위도가 비슷한 지역의 경우 동해안이 서해안에 비해 겨울에 따뜻하고 여름에 시원하다. 예를 들어, 비슷한 위도에 있는 강릉과 서울의 기온을 비교해 보면, 강릉이 서울보다 겨울에는 더 따뜻하고 여름에는 더 시원하다. 이렇게 겨울에 동쪽 지역이 서쪽 지역보다 따뜻한 것은 동

> 해가 황해보다 깊어 수온이 쉽게 떨어지지 않고, 한반도의 남북으로 길게 뻗어 있는 태백산맥이 대륙에서 불어오는 차가운 바람을 막아 주기 때문이다. 이를 통해 우리나라는 동쪽과 서쪽 간의 기온 차이보다 남쪽과 북쪽 간의 기온 차이가 더 크다는 것을 알 수 있다.
>
> (6학년 1학기 사회 19쪽)

윗글에서 우리나라는 동쪽과 서쪽 간의 기온 차이가 남쪽과 북쪽 간의 기온 차이보다 더 큰 이유를 설명하고 있다. 그런데 이 글만 봐서는 확실하게 정보가 정리되지 않는다. 한 문장 한 문장 읽으면서 동해안, 서해안, 위도, 강릉을 떠올려야 하는데 잘 안 된다. 이럴 때 바로 지도가 필요하다.

6학년 1학기 사회 19쪽

지도를 보면서 윗글을 다시 읽어 보자. 무슨 말인지 이해가 쉽게 될 것이다. 이렇게 지도를 보면서 이해한 내용은 그림 정보가 함께 기억되기 때문에, 필요할 때 정보를 꺼내는 과정에서도 그 이미지를 통째로 떠올려 훨씬 쉽게 기억한다. 그러니 아주 기본적인 지형, 지명 정도는 외워 두는 것이 좋겠다. 한번 제대로 기억해 두면 두고두고 생각의 단추로 써 먹을 수 있다.

6학년 1학기 사회 교과서에 있는 우리나라 지형도를 보고 아이에게 알 수 있는 정보를 전하고 있다.

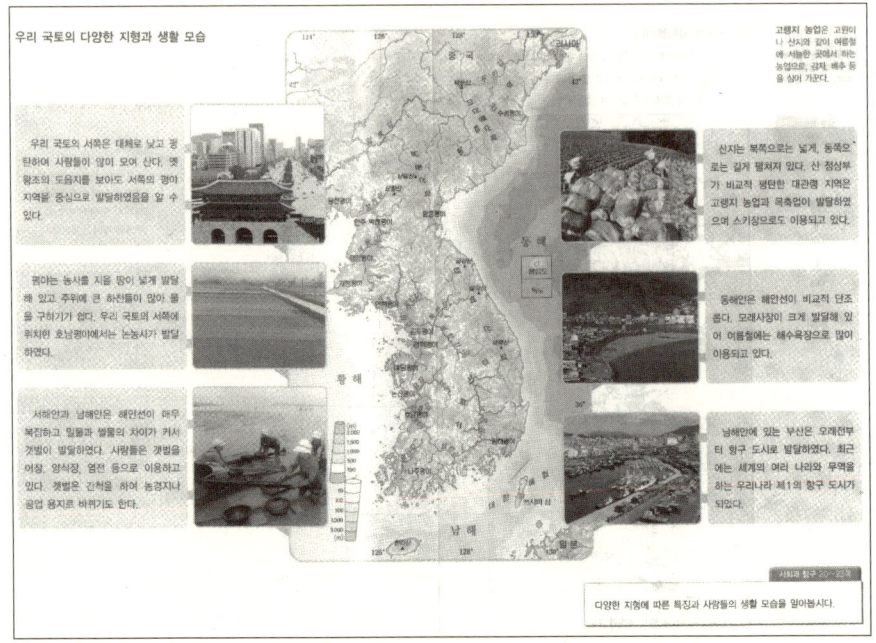

6학년 1학기 사회 27, 28쪽

| 사례 |

"지도의 색깔을 보니까 우리나라 동쪽은 서쪽에 비해 높은 지대가 많고, 서쪽은 평야가 많아요. 태백산맥에는 설악산, 태백산같이 높은 산들이 있네요. 잘 보니까 북한강이 태백산맥에서 시작되는 것 같아요. 낙동강은 소백산맥에서 시작되고요. 그러니까 계곡물이 모여서 강이 되었나 봐요. 그리고 동쪽이 높고 서쪽이 낮으니까 강들이 동쪽에서 서쪽을 향해 흐르지요."

"그래. 그럼 왜 평야들이 서쪽, 남쪽에 모여 있는지 알겠니?"

"강이 있으니까?"

"잘 생각해 보자. 강물이 높은 곳에서 낮은 곳으로 흐르면서 여러 물질을 운반해 오겠지?"
"아, 그럼 그런 흙들이 쌓여서 평야가 된 것이네요. 그 흙들에 영양분이 많아서 농사가 잘 되는 거지요?"
"그렇지. 그럼 사람들은 어디에 많이 모여 살까?"
"당연히 평야요."
"왜 그렇게 생각하는데?"
"농사가 잘 되면 먹을 것이 많잖아요."
"그래. 그리고 강이 있으니 물이 조달되고, 예전에는 강이 뱃길로 사용되었으니 여러 가지를 운송하기도 편했을 테니까 말이지. 잘 보면 우리나라의 주요 도시 주변은 대부분 강과 평야를 끼고 있는 걸 알 수 있단다."
"서울이 한강과 김포평야를 끼고 있는 것처럼 말이지요?"
"그렇지. 세계 지도를 보면 인류의 문명이 최초로 발생된 지역이 모두 중위도에 강을 끼고 있고, 지도에서 색깔을 보면 초록색, 즉 평야 지대란다. 꼭 확인해 보렴."

이외에도 지형이 높고, 바다를 끼고 있는 동쪽 지역에서는 관광·임업·광업 등의 산업이 발달했다는 것을 읽을 수 있다. 서쪽과 남쪽 바다는 해안선이 매우 복잡하고 수심이 얕아 그런 지형을 이용해 양식을 많이 한다. 특히, 서쪽 바다는 간척 사업이 활발한 까닭이 바로 이 때문임을 지도를 통해 이해하면 따로 기억할 필요가 없다. 옆에 써 있는 정보를 가린 채 지도만 보고 이런저런 가설을 세운 후 정보를 확인하게 해 보자. 그러면 '내가 지도만 보고 생각한 것이 거의 맞는구나.'라는 생각에 자신감을 갖게 되고, 더 이상 지도를 외면하지 않고 앞으로는 지도를 100% 활용하게 될 것이다. 이처럼 사회는 지도 하나만 잘 이해해도 많은 지식을 외우지 않고 알 수 있다. 그러니까 사회를 암기 과목이 아니라 이해 과목이라고 하는 것이다.

세계 지도 역시 우리나라 지도를 보고 읽는 것과 같은 방법으로 많은 정보를 읽어 낼 수 있다. 왜 중세 시대 로마와 그리스 등 지중해를 중심으로 나라들이 발전했는지, 왜 지중해 지역을 차지한 나라가 당시 패권을 잡았는지 지도를 보면 그 단서를 찾을 수 있다. 지중해는 아프리카, 유럽과 아시아에서 모두 통하는 곳이고, 위도상으로 볼 때도 사람이 살기에 적합한 기후 조건을 가지고 있다는 걸 알 수 있다. 또, 인류 최초의 문명 발생지를 지도에서 찾아보면 모두 강을 끼고 있고, 위도상의 위치가 역시 사람이 살기 좋은 온대 지역이라는 걸 알 수 있다.

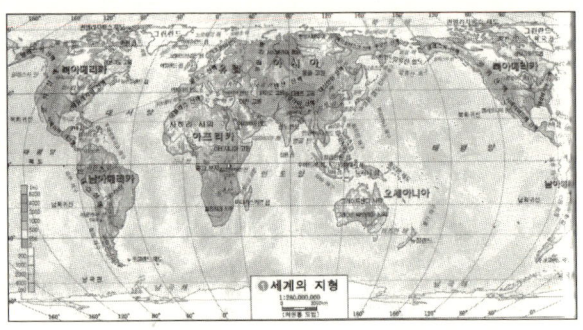

중학교 사회과 부도 성지문화사 34쪽

대륙 지도, 세계 전도를 보면서 이 나라가 세계 속에서, 대륙 속에서 어디쯤 위치하고 있는 나라인지 확인하는 것도 잊지 말아야 한다. 이탈리아 국토가 어떤 모양으로 생겼는지 알면서 어디에 위치하고 있고, 그 주변에 어떤 나라들이 있는지는 모르는 아이들이 있다.

중학교에 가서 배우게 될 세계 지리나 역사 역시 마찬가지다. 모든 나라들이 서로 관계를 맺으며 역사가 이루어졌는데, 그 관계를 이해하려면 지도를 보고 어떤 나라들이 이웃하고 있으며, 어떻게 관계를 맺을 수밖에 없는지 파악해야 이해하기 쉽다. 이처럼 지도 하나만 읽을 수 있어도 사회에 자신감을 얻게 된다는 걸 알았을 것이다. 그러니 당부하건데 적어도 교과서에 등장하는 지도만큼은 꼭 유심히 살펴봐야 하며, 교과서에 언급되는 지명 정도는 반드시 찾아 어디쯤인지 확인하는 것을 잊지 말자.

(6) 역사 지도 읽기

한 나라의 흥망성쇠는 주변국과 아주 밀접한 관계를 맺는다. 그렇기 때문에 역사를 공부할 때는 주변국과의 관계를 알 수 있는 역사 지도를 보지 않고는 이해하기 어렵다.

우리나라는 대대로 중국과 만주 등에 자리 잡고 있었던 국가들과 연결되어 있었다. 문물을 주고 받고, 영토를 차지하기 위해 전쟁을 벌이기도 하고, 무역을 벌이며 발전해 왔다. 우선 어떤 나라들이 시대별로 한반도 주변을 둘러싸고 있었는지를 알고 나면 그 당시 일어났던 많은 사건들을 이해할 수 있다. '고구려 · 백제 · 신라 삼국 중 왜 유독 고구려만 수 · 당의 침략을 받았을까?', '고구려 · 백제 · 신라는 왜 서로 한강을 차지하려고 애를 썼을까?' 하는 의문 역시 지도를 보면 역사적 지식이 없더라도 그 이유를 단번에 알 수 있다.

먼저 첫 번째 질문의 답부터 생각해 보자. 수 · 당과 국경을 접하고 있는 나라는 백제나 신라가 아니라 고구려다. 그러니 그 나라들이 영토를 확장해야겠다는 생각이 있을 때, 고구려를 먼저 침략하는 것이 당연한 순서가 아닐까? 또한 고구려가 점점 강력해져 그 세력을 확장한다면, 위기감을 느끼는 것 역시 수·당 같은 나라였을 것이다. 그러니 그 세력을 누르기 위해 침략했을 것이라는 예상이 얼마든지 가능하다. 그리고 그 짐작이 사실이기도 하다. 지도를 보면서 이런 것들을 짐작하게 한 후, 교과서와 역사 서적에서 그 사실을 찾는다면 역사 공부의 재미를 느끼게 될 것이다.

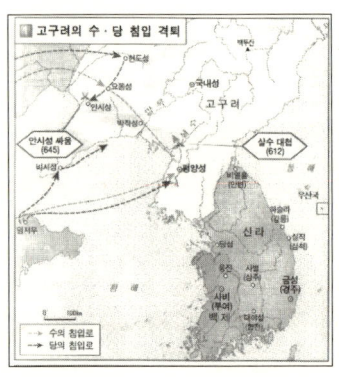

사회과 부도 63쪽

또 고구려·백제·신라 삼국이 모두 한강을 빼앗기 위해 계속된 전투를 벌인 이유 역시 지도를 통해 짐작할 수 있다. 한강은 한반도의 중심인 데다 기름진 땅이 넓게 펼쳐져 있다. 그리고 한강 유역을 영토로 차지하고 있어야 중국과 여러 가지 교역에 유리하다. 그래서 각 나라의 전성기 지도를 보면 모두 한강을 차지하고 있을 때라는 걸 알 수 있다. 삼국의 전성기 지도는 시험에도 자주 출제되는데, 이 사정을 알고 있다면 문제도 가뿐하게 풀 수 있다.

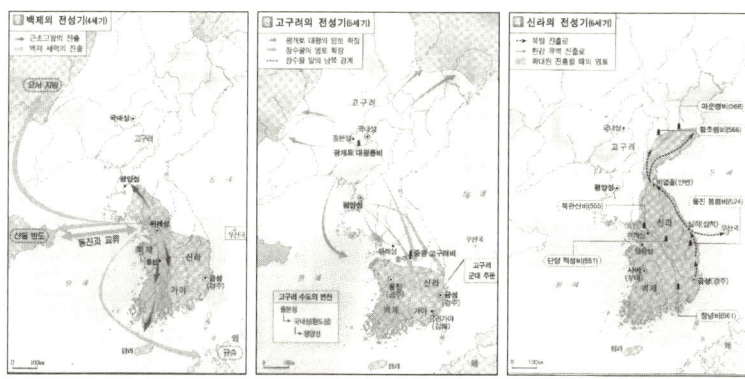

사회과 부도 62쪽

역사(사회) 시간에 고려 초 거란의 3차에 걸친 침입에 대해 배우게 된다. 그중 1차 침입 때는 전쟁 없이 대화를 통해 오히려 거란으로부터 강동 6주라는 땅을 얻게 되었다는 사실을 배운다. 이때 역시 지도를 잘 보면 그때의 상황을 잘 알 수 있다. 아이에게 거란의 1차 침입에 대해 설명해 주는 장면을 사례로 보자.

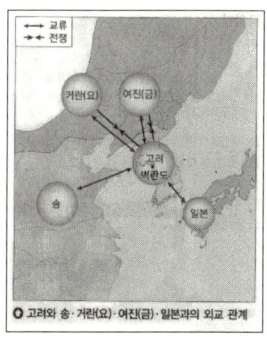 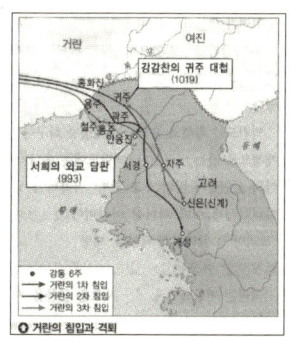

5학년 1학기 사회 81, 82쪽

| 사례 |

"자, 이것은 고려 초 주변 국가를 알 수 있는 지도야. 중국 땅에는 송나라가 있고, 고려 북쪽으로는 거란과 여진이 있잖니. 고려는 거란을 아주 싫어했어. 왜냐하면 거란이 발해를 무너뜨렸거든. 그래서 고려는 송나라하고만 친하게 지냈지. 그런데 북쪽 대륙에서는 거란과 송나라가 세력 다툼을 하고 있었어. 그런데 거란 입장에서 생각해 봐. 바로 붙어 있는 고려가 송나라하고 친하니까 혹시라도 밑에서 거란을 공격하면 큰일이잖아. 그래서 송나라에 비해 힘이 약하다고 판단된 고려를 일단 눌러놓으려는 생각이 들었겠지. 그래서 거란이 고려의 북쪽 땅이 자기네 땅이라며 돌려 달라는 핑계로 고려를 침략했단다. 그때 대부분의 고려 관리들의 의견은 땅을 일부 떼어 주고 항복하자는 것이었어. 하지만 고려의 '서희'는 그 당시 주변 나라들의 정세를 잘 알고 있었어. 거란이 송나라와의 전쟁으로도 힘든데, 굳이 고려와 싸울 생각은 없을 거라 판단하고 거란의 장수와 만나 담판을 짓게 된 거야."

거란 소손녕: 고려의 북쪽 땅은 우리 것이니 내 놓으시오.
고려 서희: 고려는 고구려의 후손이오. 그래서 나라 이름도 '고려'라 지은 것이오. 그러니 거란이 차지하고 있는 고구려의 땅을 돌려 주는 것이 맞소.
거란 소손녕: 왜 고려는 가까이 있는 거란과는 교류를 안 하고 송하고만 교류를 하는 것이오.
고려 서희: 우리 고려도 거란과 교류하고 싶지만 여진이 압록강 쪽을 가로막고 있어서 그런 것이오.

"이렇게 담판을 지은 결과, 거란이 압록강 주변 여진과의 경계 지역에 성을 쌓아 주고, 압록강 동쪽 지역의 6주를 고려에게 넘겨 주었단다. 어떠니? 그냥 글만 보는 것보다 지도를 보니까 훨씬 이해하기가 쉽지?"

역사 공부를 할 때 지도가 얼마나 중요한 역할을 하는지 알게 되었을 것이다. 그런데 역사 지도를 볼 때 또 하나 기억해야 할 것이 있다. 그것은 역사 지도에만 등장하는 지명이 있다는 것이다. 바로 '요하, 요동, 요서, 국내성, 요동성, 평양성, 청천강' 등이 그것인데, 이러한 지명의 위치와 이름을 기억해 두면 아주 쓸모가 많다. '요하'가 지금의 랴오허 강이고, '요하'를 중심으로 동쪽이 요동, 서쪽이 요서 지방이라는 것을 아는 아이는 몇 안 된다. 아주 사소한 것 같지만 이것을 아는 아이와 모르는 아이의 역사를 이해하는 정도 차이는 꽤 크다.

(7) 도표, 그래프 읽기

사회는 다른 과목과 달리 내용 이해를 돕기 위해 관련된 사진이나 그림, 도표와 같은 자료가 많이 제시되어 있다. 그래서 사회 교과서를 읽을 때는 본문 외에 그래프나 도표 등을 잘 읽어 내야 한다. 이 자료들은 본문을 설명하기 위한 자료로, 본문의 이해를 도울 뿐 아니라 한눈에 정보를 이해할 수 있도록 한다. 어떤 경우는 그것만으로 중심 내용이 설명되기도 한다. 그래서 사회에서는 본문을 읽고 잘 이해하는 것과 더불어 그림, 도표, 그래프와 같은 자료를 읽어 내는 능력이 필요하다. 이 능력이 바로 사회 성적을 올릴 수 있는 핵심이다. 이 자료들을 읽는 방법을 아는 것만으로도 사회 교과서 읽기를 해결했다고 할 수 있다. 그런데 많은 아이들이 이 중요한 자료를 눈여겨보지 않고 본문 읽기에만 열을 올리기 때문에, 사회를 아주 어렵고 외울 것이 많은 과목이라고 생각한다. 도표와 그래프를 눈여겨봐야 하는 까닭을 예시를 통해 알아보도록 하자.

> 지역 사람들이 지방 선거에 참여하는 투표율의 변화를 살펴봅시다. 1995년에는 68.4%로 가장 높은 투표율을 나타냈고, 1998년에는 52.7%, 2002년에는 48.9%로 투표율이 떨어졌습니다. 그러나 2006년에는 51.6%, 2010년에는 54.5%로 조금 높아졌습니다.
>
> (4학년 1학기 사회 63쪽)

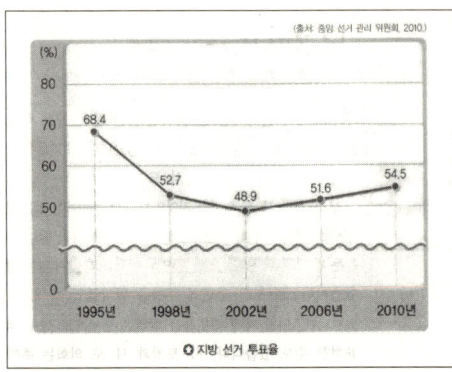

4학년 1학기 사회 63쪽

　이렇게 연도, %와 같이 숫자가 많이 나오는 지문을 접하면 제일 먼저 '뭐 이렇게 복잡하지?', '읽기 귀찮다.', '어렵겠다.' 이런 생각이 든다. 그래서 글을 읽다가 이런 부분이 나오면 건너뛰고 안 읽기 십상이다. 하지만 그래프를 보면 한눈에 '점점 투표율이 낮아지고 있군. 2006년부터는 조금씩 올라가고 있네.', '인구의 반 정도만 투표하고 있네.' 등 간단한 정보를 금방 읽어 낼 수 있고, 투표율의 추세를 금방 읽어 낼 수가 있다. 그리고 '투표율을 높여야겠군.' 하는 생각을 하게 된다. 함께 제시된 포스터는 투표를 권장하고 있다. 이렇게 글만 있는 것보다 그림이나 그래프를 보면서 복잡한 정보를 단숨에 이해할 수 있다.

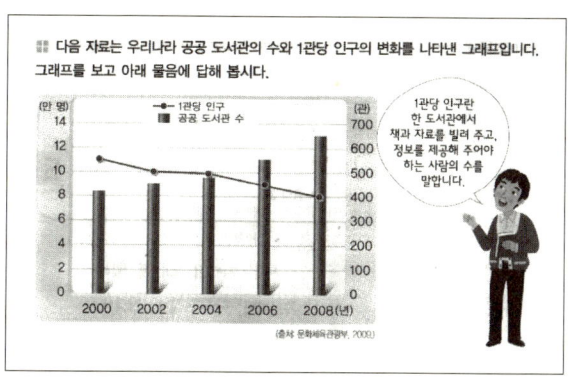

4학년 1학기 사회 81쪽

〈그래프 읽는 방법〉

㉠ 무엇을 나타낸 그래프인지 확인한다.

그래프에 따라 제목이 있는 경우도 있으나 그렇지 않을 때는 그래프가 제시되기 전 후 글을 읽어 보면 알 수 있다. 위 그래프는 우리나라 공공 도서관의 수와 1관당 인구의 변화를 나타낸 그래프다.

㉡ 가로축, 세로축이 각각 무엇을 의미하는지 확인한다.

㉢ 두 가지 이상의 정보를 한 그래프에 나타냈을 경우, 각각 어떤 것을 나타내는지 확인한다.

필요에 따라 위 그래프처럼 두 가지 이상의 정보를 나타내는 경우가 있다. 이럴 때는 세로축의 좌우를 확인하면 무엇을 나타내려 했는지 확인할 수 있다. 자료에서 꺾은선으로 나타낸 것은 '1관당 인구'이며, 막대로 나타낸 그래프는 도서관 수를 나타내고 있다.

ⓔ 단위를 확인하며 읽는다.

위 그래프의 단위는 세로축 한 칸당 인구 1만 명, 도서관 100관이다.

(8) 배경 도서 읽기, 뉴스·신문과 친해지기

사회 과목은 우리 생활 속의 여러 모습을 다양한 방법으로 알아보며 공부하는 재미있는 과목이다. 그래서 사회는 다른 과목보다 특별히 많은 경험과 배경지식이 필요한 과목이다. 이를 위해 교과서를 꼼꼼히 읽는 것과 더불어 부모가 초등학교 사회에서 무엇을 어떤 흐름으로 가르치는지 미리 알고 필요한 관련 도서를 읽히며, 박물관이나 유적지 등을 찾아 풍부한 경험을 하도록 도와야 한다. 더불어 평소에 뉴스를 관심 있게 보고, 신문을 가까이하면서 이 세상이 어떻게 돌아가는지 관심을 기울일 필요가 있다. '초등학생인데 뭘······. 그런 건 중학교 가서 보면 되지.' 하고 생각하는 사람이 있다면 지금 당장 생각을 바꾸자. 지금 이 사회에서 어떤 사건이 일어난다면 부모는 그 지금을 내 아이와 그 사건에 대해 이야기 나눌 절호의 기회로 삼아야 한다. 예를 들어, 최근 튀니지·이집트·리비아에서 민주화 운동이 일어났을 때 바로 지도를 펴고, 왜 이 지역이 연속해서 민주화 운동이 일어나고 있는지 얘기해 주어야 한다. 그리고 연일 보도되는 그 사건들을 골라 함께 읽어 가면서 과거 우리나라의 민주화 운동을 얘기해 주는 것은 어떨까? 국회 의원 선거, 대통령 선거가 있다면 정당이 무엇인지, 여당과 야당은 무엇을 의미하는지, 선거 운동, 선거 위원회 같은 평소에는 자주 듣지 못하는 말이지만 매일 여기저기서 들리는 용어에 대해 알려 준다. 내 아이가 사회를 잘하게 하고 싶다면, 더 나아가 교양 있는 사회인으로 자라길 원한다면 신문이나 뉴스와 친하도록 도와야 한다. 처음에는 혼자 보고 이해하는 것이 어려우니, 함께 보고 얘기를 나눈다. 그러다 보면 아이가 점차 발전해 가고 있다는 것을 알게 될 것이다. 이렇게 실생활에서 익힌 사회 지식은 학교에서 억지로 배운 것보다 몇 십 배는 더 잘 기억될 것이다.

3 사회에서는 무엇을 배우나?

사회는 3학년 때 자기가 사는 고장을 아는 것에서 출발해 4학년이 되면 지역 사회, 즉 '시와 도'로 시야를 넓히고 5학년 때는 '우리나라의 생활과 모습' 우리가 보통 말하는 우리나라 '역사'를 배운다. 그리고 6학년이 되면 시야를 넓혀 '국가 생활과 지구촌 시대의 우리'라는 큰 주제 아래 '세계 속의 우리나라, 세계 속의 우리, 나'를 바라볼 수 있도록 한다.

다음은 초등 사회 전 학년에서 배우는 내용들이다.

3학년 1학기			
	1. 고장의 모습	2. 고장의 자랑	3. 고장의 생활과 변화
1	하늘에서 본 우리 고장	고장의 발자취	의식주 생활의 변화
2	고장의 자연과 우리의 생활	고장의 자랑스러운 인물과 일	지혜를 담아 온 생활 도구
3	고장 사람들이 하는 일	고장의 행사	옛날과 오늘날의 여가 생활
4	마을의 그림 지도	고장을 대표하는 것	고장의 문화유산

3학년 2학기			
	1. 고장 생활의 중심지	2. 이동과 의사소통	3. 다양한 삶의 모습
1	생활에 필요한 것	생활 속의 이동과 의사소통	우리들이 살아가는 모습
2	사람들이 모이는 곳	이동과 의사소통 수단의 발달	전통 의례와 지역 문화
3	우리 고장과 이웃 고장	오늘날의 이동과 의사소통	세계 여러 나라의 명절과 축제
4	고장의 중심지 답사	미래의 이동과 의사소통	서로 배우고 존중하는 문화

4학년 1학기

	1. 우리 지역의 자연환경과 생활 모습	2. 주민 참여와 우리 시·도의 발전	3. 다양한 삶의 모습
1	우리 지역이 자리 잡은 곳	우리 시·도의 살림살이	도움을 주고 받는 자매결연
2	우리 지역의 자연환경	시·도 대표는 우리 손으로	교류하며 발전하는 지역
3	우리 지역의 생활 모습	우리 시·도의 문제와 해결	더욱 가까워지는 지역들
4	우리 지역 현장 답사	우리 시·도의 앞날	함께 살아가는 사람들
5			우리 지역의 안내도

4학년 2학기

	1. 경제생활과 바람직한 선택	2. 여러 지역의 생활	3. 사회 변화와 우리 생활
1	현명한 선택	촌락의 생활 모습	현대 사회의 가족
2	우리 지역의 자연환경	도시의 생활 모습	성 역할의 변화
3	가정의 살림살이	도시로 모이는 사람들	우리 사회의 인구 문제
4	소비자의 권리와 책임	도시와 촌락의 문제와 해결	여가 생활과 대중 매체
5			사회의 다양성과 소수자의 권리

5학년 1학기		
	1. 하나된 겨레	2. 다양한 문화를 꽃피운 고려	3. 유교 전통이 자리 잡은 조선
1	선사 시대 사람들	후삼국 통일	조선의 건국과 한양
2	최고의 국가 고조선	고려의 발전	조선의 문화와 과학의 발달
3	삼국의 성립과 발전	불교의 영향과 고려 사람들	유교 전통과 신분 질서
4	삼국 통일과 발해	고려의 대외 관계와 무역	조선 시대 사람들의 생활
5	통일 신라와 발해 사람들	고려의 과학과 기술	임진왜란과 병자호란

5학년 2학기		
	1. 조선 사회의 새로운 움직임	2. 새로운 문물의 수용과 자주독립	3. 대한민국의 발전과 오늘의 우리
1	영조, 정조 시기의 사회 발전	외세의 침략과 조선의 개항	대한민국 정부의 수립
2	달라지는 경제 생활과 신분 질서	자주독립을 위한 노력, 대한 제국	민주화와 경제 발전
3	서민 문화의 발달	근대 문물의 수용과 일상생활의 변화	대한민국의 발전을 위하여
4	서양 문물과 서학의 전래	국권 상실과 민족의 수난	
5	실학의 등장과 사회 개혁 노력	주권 수호와 독립운동의 전개	

6학년 1학기		
	1. 우리 국토의 모습과 생활	2. 우리 경제의 성장과 과제	3. 환경을 생각하는 국토 가꾸기
1	우리 국토의 위치와 영역	우리 경제의 특징	자연과 더불어 사는 인간
2	기후와 우리 생활	우리 경제의 성장 과정	환경 문제의 해결을 위한 노력
3	지형과 우리 생활	경제 위기의 극복과 성장	미래를 위한 국토 개발
4	우리나라의 산업과 교통	세계 속의 우리 경제	지역 개발과 합리적 의사
5	우리나라의 인구		

6학년 2학기		
	1. 우리나라의 민주 정치	2. 세계 여러 지역의 자연과 문화	3. 정보화, 세계화 그리고 우리
1	우리 생활과 민주주의	세계의 자연과 문화	우리가 만들어 가는 정보 사회
2	민주주의를 실현하는 기관	육지가 넓고 인구가 많은 북반구	세계화와 우리 생활
3	생활 속의 법	바다가 넓고 자원이 풍부한 남반구	전통과 세계의 만남
4	인권과 인권 보호	음식으로 세계 만나기	통일과 인류 공동 번영의 길

* 사회 교과서 차례 인용

4장
과학 교과서

1
과학 교과서 읽기

 과학은 우리 생활과 아주 밀접한 관계를 맺고 있다. 주변을 잠깐만 돌아봐도 우리 생활 곳곳에 과학적 원리가 숨어 있다는 걸 알 수 있다. 아주 먼 옛날부터 지금까지 과학은 발전해 왔고 앞으로도 그럴 것이다. 그리고 그것을 주도해 온 수많은 과학자들이 있었다. 아인슈타인, 아르키메데스, 파브르, 노벨…… 그들은 어떻게 하여 위대한 과학자가 되어 엄청난 업적들을 남길 수 있었을까?
 그들만의 특별한 유전자가 있었던 것은 아닐까? 그럴지도 모른다. 아마도 그건 호기심 유전자가 아닐까 생각한다. 우리가 잘 알고 있는 과학자들의 일생을 살펴보면 그들은 늘 무언가를 궁금해했다. 그래서 질문하고, 관찰하고, 실험하고, 실패하고, 또 실험하는 것을 반복해 그 궁금증들을 하나하나 풀어 나갔다. 그 결과 지구가 태양

주위를 돈다는 걸 알아내고, 전기를 발명하고 백신을 만들었다. 호기심 유전자가 그들을 위대한 과학자로 만든 것이다. 그런데 호기심 유전자라는 것은 과학자들만 가지고 있는 것이 아니다. 누구나 태어날 때 하늘이 선물로 주는 것 중 하나가 바로 호기심이다. 아이가 어렸을 때로 돌아가 보자. 어린아이들은 그야말로 호기심 덩어리들이다. 이건 뭐냐, 저건 뭐냐, 왜 그러냐, 질문을 입에 달고 살았던 기억이 있을 것이다. 몇 시간씩 땅 위에 기어 다니는 개미를 들여다보며 호기심을 충족시키고, 양파 속에 파 씨가 들었는지 궁금하다고 양파를 하나씩 벗겨 내던 그 꼬마 과학자들은 어디로 갔을까? 내 눈에 보이는 이 아이가 분명 그때 그 아이인데, 지금은 일부러 궁금한 것을 찾아내고, 관심을 보이라고 질문을 던져 보아도 반응이 시큰둥하다. 이 아이들을 몇 년 전 그 호기심 넘치는 아이로 되돌아가게 할 수 없을까?

과학을 잘하는 길은 관찰하고, 궁금해하고, 깊이 탐구하는 것을 즐기는 것이다. 그리고 앞선 과학자들이 이루어 놓은 업적을 공부하고, 많은 책들을 찾아 읽고 배워 가며 과학자의 길로 가는 것이다. 다행히 초등학교 과학 교과서에서 그 역할을 해 주고 있다. 초등학교에서 배우는 과학 과목은 숨어 있는 아이들의 호기심을 밖으로 꺼내 줄 아주 좋은 도구이다.

과학 교과서를 펼쳐 보면 매 단원마다 '흙은 어떻게 만들어 졌을까?', '난방기를 켜면 어떻게 따뜻해질까요?' 같이 아이들의 호기심을 툭툭 건드리는 '왜?', '어떻게?' 등의 질문을 던진다. 즉, 과학 교과서는 질문을 던지고, 그 질문에 답을 찾아가는 탐구 생활로 엮어져 있다.

과학 교과서의 구성과 편집 체재

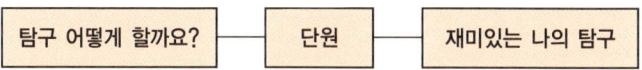

　과학 교과서는 본격적으로 단원 학습에 들어가기 전에 '탐구하기' 또는 '탐구 어떻게 할까요?'에서 탐구 방법을 쉽게 알려 주어 과학에 흥미를 갖도록 한다. 본격적인 과학 공부를 하기 전에 과학에 임하는 자세를 알려 주는 것이다. 단원은 4개로 구성되어 있다. 한 학기 동안 단원 학습을 모두 마치면 '재미있는 나의 탐구'에서 탐구 주제를 정하고 절차에 따라 탐구한 것을 발표할 수 있도록 하였다.

〈3, 4학년 과학 교과서 구성〉

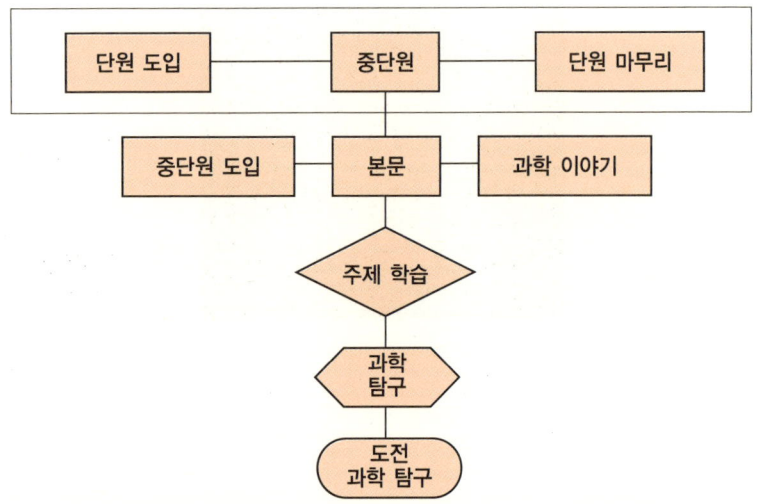

〈5, 6학년 과학 교과서 구성〉

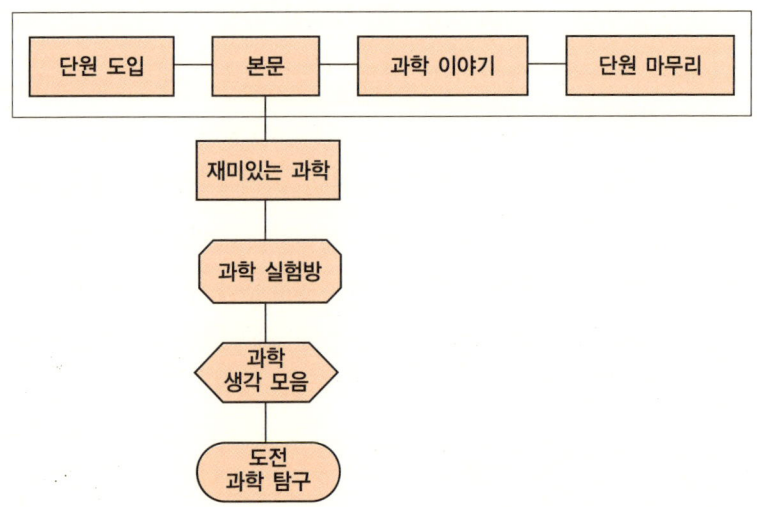

과학 교과서 구성의 큰 틀은 전 학년이 같다. 그러나 3·4학년과 5·6학년의 학업 성취 능력을 고려해 단원의 본문 구성을 달리하였다. 3·4학년은 한 단원을 2~3개의 중단원으로 나누어 학습한다.

단원 도입
단원에서 무엇을 배우는지 학습 목표를 제시하고 있다. 이 단원을 배우고 나면 이것은 알아야 한다는 것을 분명히 제시한다.

4학년 1학기 과학 18쪽

단원의 도입에서는 단원명, 그와 관련한 질문과 더불어 그것을 알아보는 형태로 단원의 학습 목표를 제시한다. 예로 제시한 4학년 1학기 1단원의 도입을 보면, 그 단원의 학습 목표가 무게를 재는 원리를 아는 것임을 알 수 있다. 아이들은 이 학습 목표를 보고, '이번 단원에서는 무게를 어떻게 재는지, 그 무게를 재는 도구인 저울에 대해 배우겠구나.' 하고 짐작하여 단원 학습을 준비하게 된다. 단원의 목표는 단원 학습이 끝난 후 학습을 제대로 했는지 평가하는 잣대가 된다.

4학년 1학기 과학 30쪽

3·4학년은 한 단원을 2~3개의 중단원으로 나누어 학습하는데, 위 그림은 중단원의 도입 부분이다. 단원의 도입과 마찬가지로 학습 목표를 제시한다. 그리고 단원을 학습할 때 반드시 알아야 하는 용어를 따로 뽑아 두었다. 본문에 이 용어들이 나오면 색깔 펜으로 표시해 집중할 수 있도록 도와준다. 학습 용어를 본문에서 직접 설명하기는 하지만, 반드시 그런 것은 아니다. 이 학습 용어가 무엇인지 잘 모를 때는 본문 내용을 이해하는 데 어려움이 있을 수 있으니 용어 학습은 놓치지 않고 해 두어야 한다.

본문에서 본격적으로 단원 학습을 한다. 3·4학년은 본문을 몇 개의 주제로 나누어 학습한다. 학습 주제는 과학적 개념을 설명하거나, 탐구 활동을 안내한다. 위 그림에서의 학습 주제는 '도전 탐구 활동'

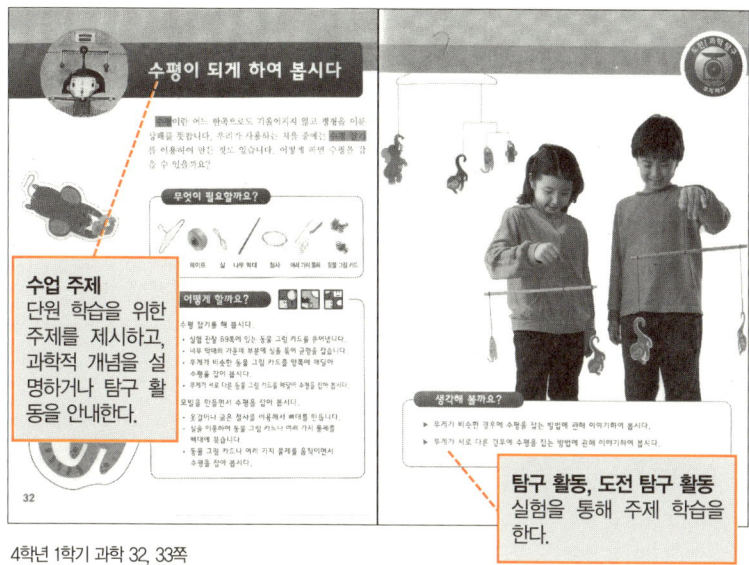

4학년 1학기 과학 32, 33쪽

의 주제인 '수평이 되게 하여 봅시다.'이다.

　5·6학년은 본문이 '재미있는 과학', '과학 실험방', '과학 생각 모음', '나도 과학자'의 4단계로 구성되어 있다. '재미있는 과학'은 단원의 내용과 관련된 일종의 과학 놀이를 해 봄으로써 단원에 대한 흥미를 돋우는 역할을 한다. 한 단원은 5~7개의 '과학 실험방'이 있다. 그 단원에서 알아야 하는 것들을 다양한 실험을 통해 하나하나 알아 나가게 된다. '과학 생각 모음'에서는 단원에서 배운 중요한 내용을 그래픽화해서 정리한다. 적어도 5학년 이상이라면 한 단원에서 배운 내용을 다음과 같이 틀을 잡아 요약할 수 있어야 한다.

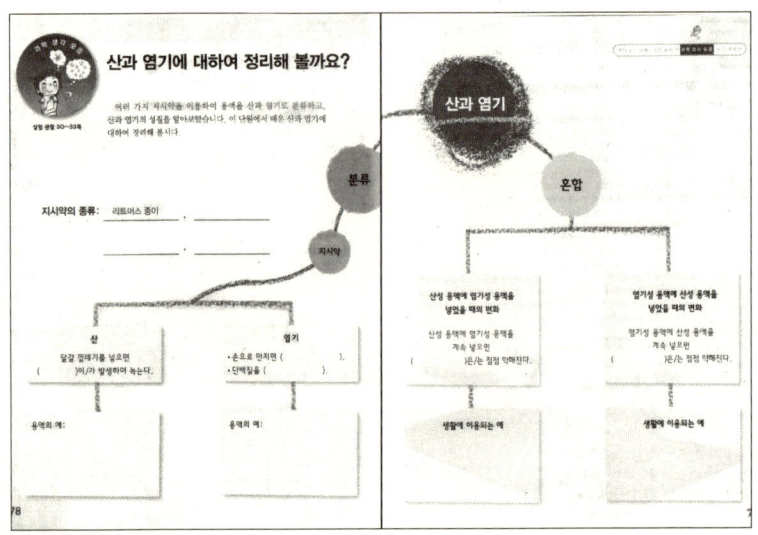

6학년 1학기 과학 78, 79쪽

'과학 생각 모음'에서는 요약만 하는 것이 아니라, 제공된 생각 자료를 읽고 주어진 주제에 맞는 글을 쓴다. 6학년 1학기 2단원 '과학 글쓰기'에서는 '국가 간의 협력이 산성비의 피해를 줄일 수 있어요.'라는 주제의 생각 자료를 주고, '여러분이 환경부 장관이 되어 여러 나라의 환경부 장관들에게 산성비의 피해를 줄이기 위한 국제적인 협력을 요청하는 연문을 써 봅시다.'라는 주제로 글을 쓰게 한다.(6학년 1학기 과학 80쪽). 국어 시간에 글 쓰는 것도 싫은데 과학에서까지 글을 쓰라고 하니 아이들은 외면하고 싶을 것이다. 하지만 과학에서 이렇게 글쓰기를 하게 하는 이유는 새롭게 배운 과학적 지식을 확실히 기억하고, 세상을 보는 시각을 더 넓히며 깊이 생각할 수 있도록 하기 위함이다. '나도 과학자'에서는 알게 된 지식을 이용해서

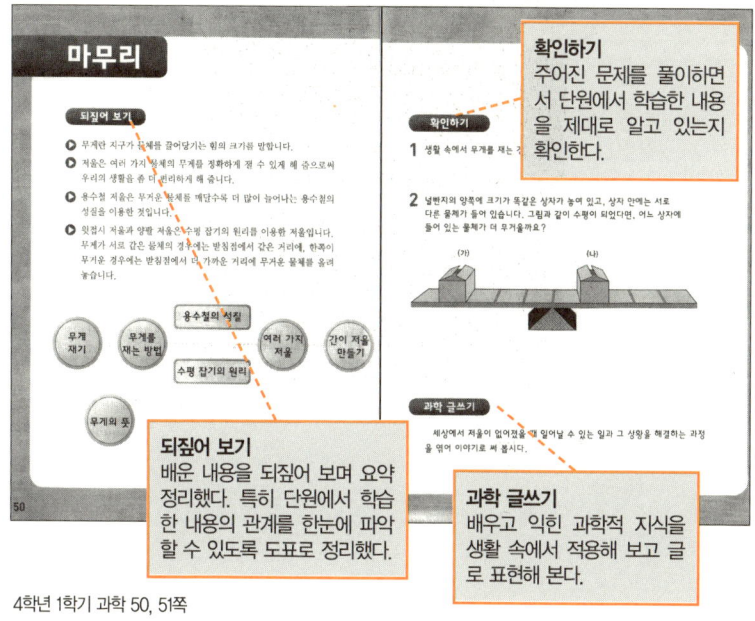

4학년 1학기 과학 50, 51쪽

스스로 실험하고, 그 과정과 결과를 기록해 본다.

　단원 마무리는 단원에서 배운 내용을 총정리하는 단계이다. 이때 배운 내용을 확실히 다짐과 동시에 자기 점검의 기회로 삼아 잘 모르는 부분이 있다면 다시 확인하도록 한다. 3·4학년의 단원 마무리는 '되짚어 보기', '확인하기', '과학 글쓰기'가 있다. 되짚어 보기에서는 단원에서 학습한 내용들 간의 관계를 도표로 그려 전체 내용을 한눈에 파악하도록 하였다. 이 도표를 보면서 내용을 떠올려 말해 보거나 자기 나름대로 도표를 그려 보는 것도 좋다. 5·6학년은 단원에서 배운 내용을 확인할 수 있는 질문을 한다.

3
과학 교과서 읽기 방법 배우기 실전

　과학은 우리를 둘러싼 주변 세계를 이해하기 위한 지식을 만들어 내는 학문이다. 초등학교에서는 과학 시간에 과학적 지식을 직접적으로 가르치지 않는다. 주변에서 일어나는 여러 가지 현상을 관찰하고 탐구해 과학적 사실과, 지식을 쌓아 가는 과정을 차근차근 배우게 한다. 초등학교 과학 교과서는 학생들에게 과학적 지식을 가르치기 위한 탐구 활동들로 구성되어 있다. 그래서 과학을 배우는 아이들은 탐구 과정에서 필요한 여러 실험을 하게 된다. 다른 과목에 비해 과학을 비교적 재미있어하고 쉽다고 하는 아이들이 많은 것도 이런 까닭이다. 그런데 이상하게도 막상 시험을 보면 기대보다 점수가 덜 나오고, 중학교에 가면 과학이 어렵다고 쩔쩔매는 아이들이 제법 등장한다. 재미는 있는데 제대로 알지 못하고 있다는 것은 뭔가 문제가 있는 것이다.

과학 실험실에서 실험을 하는 아이들의 모습을 보자.

| 사례 |

모둠으로 모여 무언가 실험을 하는데 시끌시끌하다. 실험 순서와 주의 사항 등을 일러 주는 선생님의 목소리는 묻혀 버렸다. 선생님이 무섭게 주의를 주면 좀 낫다. 그런데 실험을 하는 건지 노는 것인지 히히거리며 장난치는 아이도 있고, 모두가 하고 싶은 과정인지 서로 하겠다고 실랑이도 벌어진다. 어떤 모둠에서는 예측했던 결과가 나오지 않았다. 실험 과정에서 무언가 잘못된 것이다. 그래도 그 결과 때문에 낭패스러워하는 아이는 없다. 오히려 잘못 나온 실험 결과가 재미있어하는 분위기다. 그래 놓고 실험 결과는 제대로 실험한 모둠의 결과를 눈치껏 베껴 쓴다. 이 실험을 왜 하는 것이며, 순서에 맞게 실험하는 이유가 무엇인지, 결과가 잘못 나왔으면 왜 그랬는지 등에 관심 갖는 아이는 없어 보인다.

과학 교과에서 가장 핵심이라 할 수 있는 실험을 이렇게 하고 있으니 쉽고 재미있다면서 막상 시험을 보면 여러 문제를 틀리는 것은 당연한 결과이다. 실험이 잘못되었는데 자기가 실험한 결과를 기억하고, 그 기억으로 시험을 보니까 말이다. 우리의 머리는 같은 문제에 대해 간접 경험보다 직접 경험한 정보를 더 중요한 정보라고 여겨 저장한다.

과학을 이렇게 대강 얼렁뚱땅해도 되는 것으로 알게 해서는 안 된다. 그럼 결국 본격적으로 이론을 배우고 좀 더 복잡한 실험들을 하게 되는 시점부터는 과학을 너무 어렵다며 멀리하게 된다. 그러니 과학을 처음 배우는 시점부터 제대로 공부하는 자세를 익혀야 한다. 과학 교과서를 이용해 제대로 과학을 배워 나갈 수 있는 방법을 찾아보도록 하자.

(1) 학습 용어 익히며 읽기

3·4학년은 중단원 도입부에 '학습 용어'를 따로 뽑아 두었다. 이 학습 용어는 단원 학습을 할 때 꼭 알아야 하는 것들이다. 어떤 것은 본문 중에 그 용어의 설명이 나오기도 하지만 그렇지 않은 것도 있다. 본문에 설명이 나오지 않는 용어는 따로 찾아서라도 알고 있어야 본문에서 설명하는 내용을 이해할 수 있다. 따로 용어 카드를 만들어 두는 것도 좋은 방법이다. 이 용어들은 책 말미에 부록으로 실어 두었으니 참고하도록 하자.

(2) 중요한 내용 정리하며 읽기

과학 교과서에는 글이 많지는 않다. 그렇더라도 다른 과목들처럼 과학 역시 교과서를 읽을 때 중요한 내용을 표시하며 읽고, 요약 정리해야 한다. 중요한 내용을 요약하는 것은 따로 말하지 않아도 당연히 해야 하는 것이다.

> 땅속에 있는 뿌리는 보기 어려우나 그 모양은 다양합니다. 명아주의 뿌리는 가운데에 굵은 '원뿌리'가 있고, 주변에 가느다란 '곁뿌리'들이 많이 있습니다. 강아지풀의 뿌리는 굵기가 비슷한 여러 개의 뿌리가 한군데에서 나와 있는데, 이를 '수염뿌리'라고 합니다.
>
> (4학년 2학기 과학 30쪽)

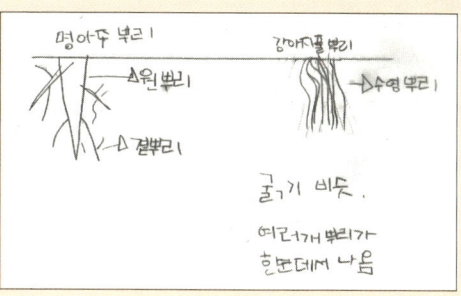

　퇴적암에는 이암, 셰일, 사암, 역암, 석회암 등이 있습니다. 알갱이의 크기가 진흙과 같이 작은 것이 굳어져서 된 암석을 이암이라고 합니다. 이 중에서 특별히 층리가 얇게 관찰되는 암석을 셰일이라고 합니다. 셰일은 망치로 깨뜨리면 얇게 잘 쪼개집니다. 알갱이의 크기가 진흙보다 더 큰 모래로 이루어진 암석을 사암이라고 합니다. 또, 모래보다 알갱이가 더 굵은 자갈로 이루어진 암석을 역암이라고 합니다. 석회암은 물속에 사는 동물의 뼈나 조개, 소라의 껍데기 등이 쌓여서 만들어진 것입니다. 석회암에 묽은 염산을 뿌리면 거품이 납니다. 이 거품은 석회암을 이루는 알갱이 속에 포함된 이산화탄소 성분이 빠져나온 것입니다.

(4학년 2학기 과학 62쪽)

(3) 따져 가며 실험하기

과학은 과목의 성격상 탐구 활동, 즉 실험의 비중이 아주 크다. 교과서에는 탐구 과정을 아주 상세히 적어 놓았기 때문에 교사의 안내와 교과서 지시를 보고 따라 하면 큰 문제 없이 원하는 실험 결과를 얻을 수 있게 되어 있다. 그러나 그렇게 실험을 하고 나면 분명히 실험은 했는데 나중에는 '한 것 같기는 한데, 생각이 잘 안 나.' 와 같은 상태가 되기 십상이다. 그래서 나는 그 탐구 과정 그대로 따라 하지 말고, 달리 해 보고 싶으면 얼마든지 그렇게 하라고 한다. 오히려 자기 방법대로 해 보는 것을 더 권장한다. 그래야 실험하는 목적이 무엇인지, 어떤 도구를, 왜 사용하는지, 이런 결과가 나오는 이유가 무엇인지 제대로 알게 된다.

(4) 배운 내용을 구조화해서 정리하기

한 단원의 학습이 끝나면 새로 배운 지식을 자기만의 방법으로 정리해 보는 것이 좋다. 본문 학습을 하면서 그때그때 알게 된 것이나 중요한 내용을 메모하며 읽었다면, 그 내용들을 한눈에 볼 수 있도록 구조화해서 정리할 수 있어야 한다. 초보적인 단계에서는 본문의 글을 읽으면서 뗄 수 있는 종이에 메모했다가 그것들을 늘어놓으면서 배운 내용을 구조화하는 방법이 있다. 5·6학년 교과서에는 단원에서 배운 중요한 내용을 정리할 수 있도록 구조도를 만들어 제시하고 있다. 하지만 그보다 중요한 내용을 요약하기에 편리하고 효과적인 구조도를 스스로 만들어 보는 노력이 필요하다.

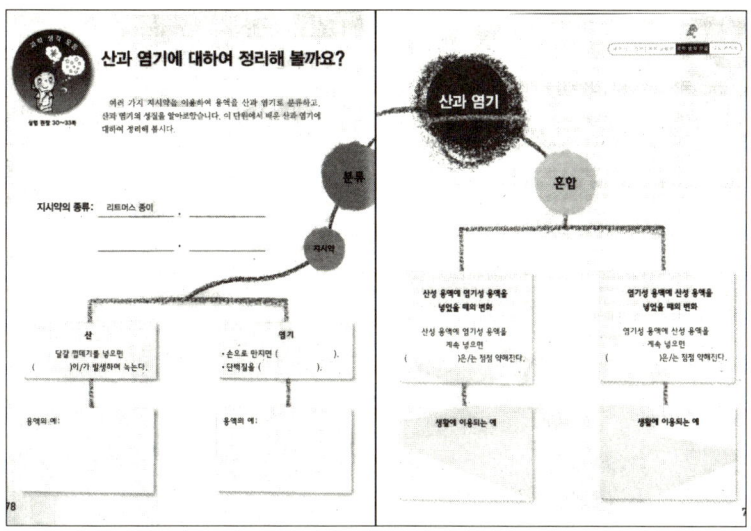

6학년 1학기 과학 78, 79쪽

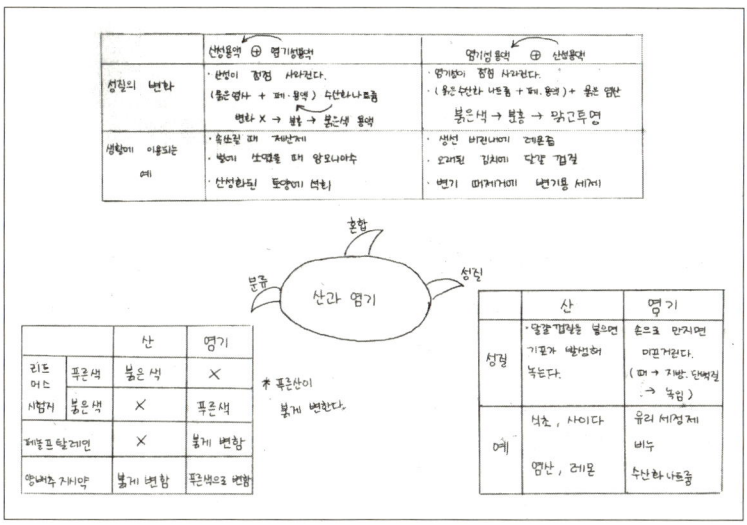

앞의 사례는 6학년 학생이 그 단원을 공부한 후 자기 나름대로 그 단원에서 배운 내용을 정리한 것이다. 만들어 놓은 틀에 내용을 채워 넣어 가며 정리하는 것도 괜찮지만 이렇게 자기 나름대로 내용을 정리하는 방법을 찾을 수 있다면 그 이상 바람직한 것은 없다. 이렇게 하는 것이 처음에는 어렵고 귀찮게 여겨지겠지만, 이 방법은 상급 학교에 가서도 주도적으로 공부할 수 있는 중요한 학습 방법이니 서툴더라도 혼자 내용 정리하는 습관을 들여야 한다.

(5) 과학 글쓰기

국어 시간에 글 쓰는 것도 싫은데, 과학에서까지 글을 쓰라고 하니 외면하고 싶을 것이다. 과학에서 이렇게 글쓰기를 하도록 하는 이유는 새롭게 배운 과학적 지식이 머리에 기억되는 것으로 그치지 않고 세상을 보는 시각이 넓어지고 생각이 깊어지도록 하기 위한 것이다. 그러니 친구들과 생각을 나눠 보고 내 생각을 꼭 글로 적어 보도록 하자. '나도 과학자'에서는 알게 된 지식을 이용해서 스스로 실험하고, 그 과정과 결과를 기록해 본다.

4 생활 속에서 과학 하기

(1) 과학 놀이하기

| 사례 |

"얘들아, 이것 봐라. 너희도 이렇게 할 수 있어?"
"어? 나도, 나도 할 수 있어요."
"잘 안 돼요. 어, 됐다."
택희네 거실은 뭘 하는지 오늘도 시끌시끌하다. 엄마와 아이들이 손가락에 물건을 올려놓고, 떨어트리지 않게 하려고 애를 쓰면서 깔깔 호호 재미있어한다. 거실 바닥은 자, 숟가락, 국자, 가위 등으로 잔뜩 어질러져 있다.
택희네 식구들은 '과학 놀이' 중이다.
"균형을 잘 잡아야 떨어지지 않아."
"엄마, 이것 봐요. 손가락을 중간에 받치니까 안 떨어져요."
"아냐, 숟가락은 가운데 받치면 안 돼. 이쪽으로 해야 돼."
"어? 진짜. 우와, 짜잔!"
한참 동안 물건들을 손가락에 세웠다, 손끝에 세웠다 하고 놀더니 물병 위에다

> 세워 보기도 하고 이제는 자 끝에 물건을 세워 보겠다고 하면서 논다.
> 이렇게 시끌벅적하게 노는 모습은 택희네 집에서는 자주 볼 수 있는 풍경이다. 택희 엄마 말에 의하면 아이들에게 아주 어렸을 때부터 장난감을 사 주는 대신 이렇게 주위에서 놀거리를 찾아서 놀거나, 장난감을 만들었다고 한다. 아이들과 놀 때는 그런 생각을 못 했는데, 아이들이 과학을 배울 때 보니까 어려서 놀았던 경험들이 교과 내용과 직접적으로 관련된 것들이 많아서 아주 놀랐다고 했다. 아이들도 자기들이 어려서 가지고 놀거나 만들어 놀던 장난감들과 비슷한 것들이 교과서에 등장하니까 신기해했다. 그뿐 아니라 직접 실패와 성공을 거듭 체험하면서 과학적 지식을 쌓아 왔기 때문에 누구보다 과학을 좋아하고, 잘했다고 한다. 중·고등학교에 가서도 여전히 잘하고 있단다.

놀면서 아이들이 과학을 잘하게 되었다니 참 부러운 일이다. 누가 어떤 학원을 다닌다더라, 누가 영재반에 들어갔다는 말에 긴장해서 아이를 이 학원 저 학원 떠돌게 하지 말고, 우리도 놀자!

그런데 막상 과학 놀이를 해 보려고 해도 아이디어가 떠오르지 않는다고 걱정하는 부모들이 많다. 걱정할 것 없다. 과학 교과서가 좋은 안내서가 될 것이다. 나는 다른 과목은 선행 학습하는 것을 반대하지만, 과학은 초등학교 전 학년 교과서를 미리 구해 놀이처럼 선행 학습을 하라고 권한다. 교과서 내용을 미리 공부하라는 것이 아니고 거기서 과학 놀이를 찾으라는 것이다.

다음은 4학년 1학기 무게 재기를 배우는 단원이다. 이때 수평을 이용해 무게 재는 것을 배운다. 하지만 이와 관련된 놀이는 아이가 1·2학년이라도 충분히 할 수 있다. 엄마가 미리 과학 교과서를 죽 훑어보고 수평 놀이를 할 수 있다.

아이는 "손가락에 이 연필을 한 번에 올려 떨어지지 않게 할 수 있니?", "한쪽으로 기우네. 그럼 어떻게 하면 좋을까?"와 같은 질문에 답하며 균형 찾기 놀이를 하면서 무게 중심 잡는 원리를 자기도 모르게 터득한다.

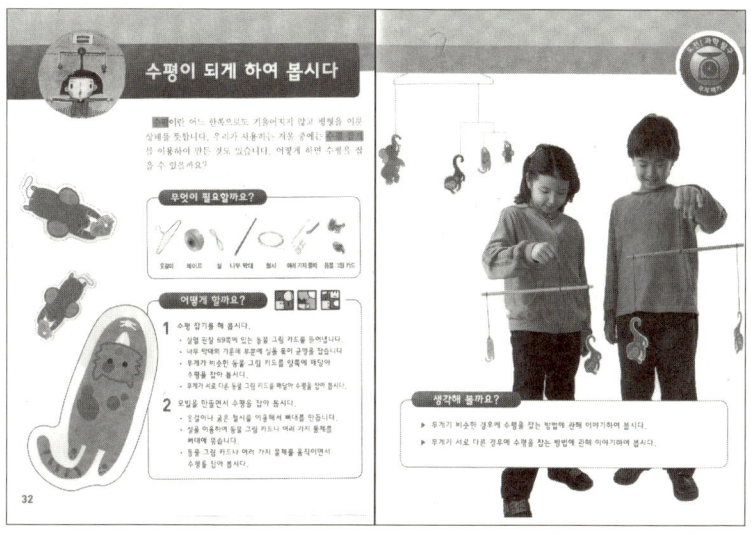

4학년 1학기 과학 32, 33쪽

좀 더 발전해 다음의 그림처럼 간이 저울을 만들어 볼 수도 있다. 간단하게 집에서 물건의 무게를 비교하기 위한 저울을 만든다. 형제끼리 서로 큰 과일을 갖겠다고 다투기라도 할 때 간단한 저울로 비교해 볼 수도 있다.

4학년 1학기 과학 51쪽

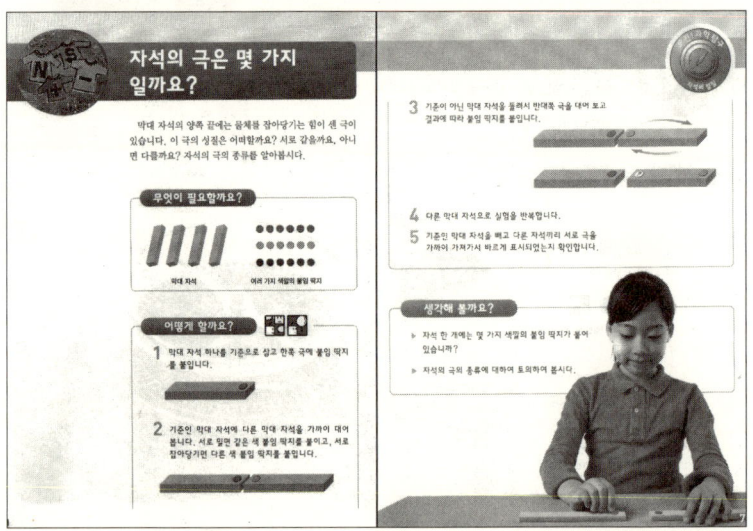

3학년 1학기 과학 70, 71쪽

3학년 1학기 때에는 자석에 대해 배운다. 자석은 아주 쉽게 구할 수 있고, 다양한 놀이로 활용할 수 있는 놀이 기구다. 작은 자석 몇 개만 있어도 이것저것 붙여 보면서 아이는 어떤 것이 자석에 붙는지, 안 붙는지 저절로 알게 된다. 그리고 이상하게 어떤 때는 서로 붙고, 어떤 때는 서로 밀어낸다는 것도 체험한다. 굳이 3학년 과학 시간까지 기다릴 이유가 없다. 내 아이들이 아주 어렸을 때, 초등학교 입학 전으로 기억한다. 자석을 이용한 낚시 장난감을 만들어 놀고는 했다.

낚시 장난감 만들기
- 준비물: 막대, 끈, 자석, 클립, 스카치테이프, 종이 물고기
- 만들기
  1. 종이로 물고기를 만들어 클립을 끼워 놓는다.
  2. 낚싯대처럼 막대기에 끈을 묶어 놓는다.
  3. 스카치테이프를 이용해 막대기에 묶어 놓은 끈에 자석을 붙인다.

아이들은 이 낚싯대로 물고기만 낚으며 노는 것이 아니다. 집안 곳곳을 다니며 낚싯대를 여기저기 갖다 대며 어떤 것이 자석에 붙는지, 안 붙는지를 자연스레 알게 된다. 또, 갖고 놀던 장난감을 정리하면서 낚싯대에 붙어 있는 자석들이 붙기도 하고 안 붙기도 한다는 걸 알게 되었다. 그래서 N극과 S극이 표시되어 있는 막대자석을 사 주어 자석에는 N극과 S극이 있고, 같은 극끼리는 밀어내고, 서로 다른 극끼리는 잡아당긴다는 성질을 배우도록 했다. 이 원리를 말로 설명하기보다는 이렇게 붙여 보고, 저렇게 붙여 보면서 스스로 알아내는 것을 즐기게 두는 것이 바로 부모의 할 일이다. 커다란 돋보기를 준비해 주는 것, 흙이 잔뜩 묻은 풀을 뿌리째 뽑아 와 집을 더럽히는 것을 모른 척해 주는 것, 시기적절하게 책을 선물하는 것, 그것이 과학 교실에 보내는 것보다 몇 배 유익한 일임을 명심하자.

(2) 궁금할 때는 실험하기

과학은 '왜 그럴까?', '뭘까?' 하는 호기심에서 출발해 '왜 그런지, 그 이유가 무엇인지' 밝히는 과정(실험)을 통해 원리를 이해하는 것이다. 보통 실험은 시험관, 알코올램프, 메스실린더 따위의 실험 도구가 있어야 한다고 생각한다. 그렇기 때문에 과학 실험을 하려면 실험 도구와 실험에 필요한 약품들이 잘 갖춰진 곳에서 이뤄져야 한다고 생각하기 쉽다. 그렇지만 꼭 그런 것은 아니다. 언제, 어디서든 할 수 있는 것이 실험이다. '실험'은 말 그대로 실제로 뭔가를 시도해 보는 것이니까 말이다. 평소 집에서 놀이를 통해 그 과정을 터득하게 하는 것이 과학적 사고를 가진 아이로 성장하도록 돕는 방법이다. 이런 연습이 잘된 아이들은 고학년이 되었을 때는 직접 실험을 하지 않더라도 교과서에 있는 실험 과정을 보고 실험 과정을 머릿속에 그릴 수 있다.

《파브르 곤충기》를 쓴 파브르는 어렸을 때 빛이 입으로 들어오는지, 눈으로 들어오는지 아주 궁금했다. 그래서 파브르는 눈을 크게 뜨고 입을 다물어 봤다. 그랬더니 모든 것이 그대로 다 보였다. 다시 파브르는 입을 크게 벌리고 눈을 꼭 감아 보았다. 그랬더니 집도, 하늘도, 나무도 보이지 않았다. 파브르는 큰 소리로 "빛은 눈으로 보고, 입으로는 볼 수 없는 거야!" 하고 외쳤단다.

어찌 보면 유치한 짓 같지만, 이런 작은 호기심을 그냥 넘어가지 않고 직접 실험을 통해 해결하는 이 탐구 정신이 파브르를 훌륭한 과학자로 만든 것이다. 과학은 '왜?'라는 호기심에서 출발해 그것을 해결하는 과정을 통해 밝혀낸 사실들이 모여 하나의 지식으로 완성된 것이다. 어린 파브르처럼 우리 아이들도 궁금한 것을 그냥 넘어가지 말고 만져 보고, 관찰하고, 실험하기를 바란다.

만일 아이가 손잡이가 금속인 냄비를 잡다가 "앗, 뜨거." 하며 "엄마, 저 냄비는 맨손으로 잡아도 안 뜨거운데 이건 왜 이렇게 뜨거워요?"라고 묻는다면, 보통은 "이건 손잡이가 나무로 되어 있으니 그렇지." 하고 친절하게 대답해 줄 것이다. 지금까지 그래 왔다면 이제부터는 바로 대답해 주고 싶은 마음을 꾹 참고, "글쎄, 왜 그럴까? 다른 것들은 어떤지 알아볼래?" 하고 직접 알아볼 수 있는 기회를 주자.

저녁 준비를 하면서 손잡이가 플라스틱인 국자나 솥, 나무 손잡이가 달린 냄비, 뜨거운 국그릇에 넣어 둔 금속 숟가락을 만져 보게 하자. 아이는 직접 만지고 경험하면서 자신의 궁금증을 풀게 될 것이다. 일련의 이런 과정이 바로 실험이다. 아이는 다른 사람의 설명 없이 실험을 통해, 금속-플라스틱-나무의 순으로 열이 잘 전해진다는 것을 알았다. 중학교 2학년 과학 시간에 배울 '열전도율'을 스스로 알게 된 것이다.

(3) 기록하기

과학자들은 늘 기록했다. 궁금한 것들, 자기가 관찰하고 실험한 것들을 그대로 흘려보내지 않고 수첩이나 종이의 한 귀퉁이에 그림으로, 간단한 메모로, 제대로 된 보고서로 기록해 두었다. 그런 기록들이 있었기에 눈에 보이는 과학의 발전이 있을 수 있었던 것이다.

우리 아이가 어떤 실험을 했다면, 그것들을 '이렇게 해 봤더니 이렇더라.' 말로만 끝내지 말고 꼭 기록을 남기도록 하자. 그래야만 자신이 실험을 통해 얻은 것들이 지식으로 자리 잡게 되고, 그것들을 바탕으로 발전적인 탐구가 이루어지게 된다. 이런 것들이 바로 자신만의 과학 탐구 포트폴리오가 되는 것이다. 그리고 실험 과정에서 또는 그 후 주변에서 새롭게 발견한 것들에 대한 자신의 생각을 글로 적는다면, 그것이 바로 '과학 논술'이 된다.

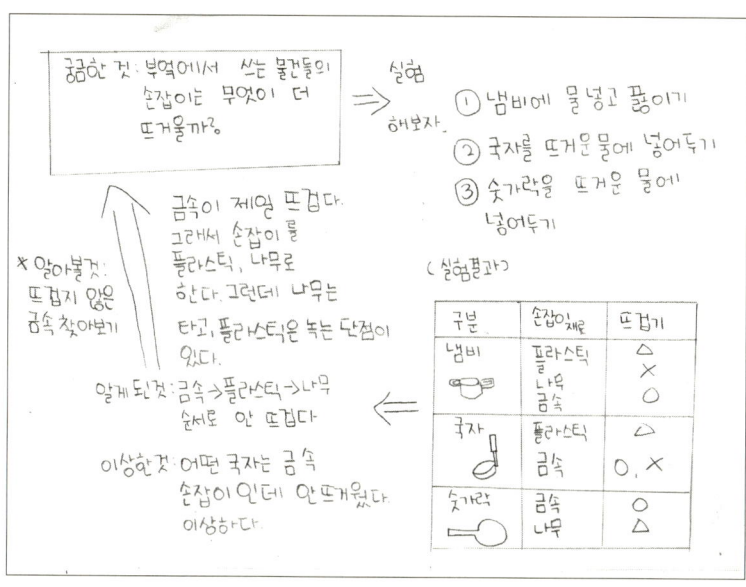

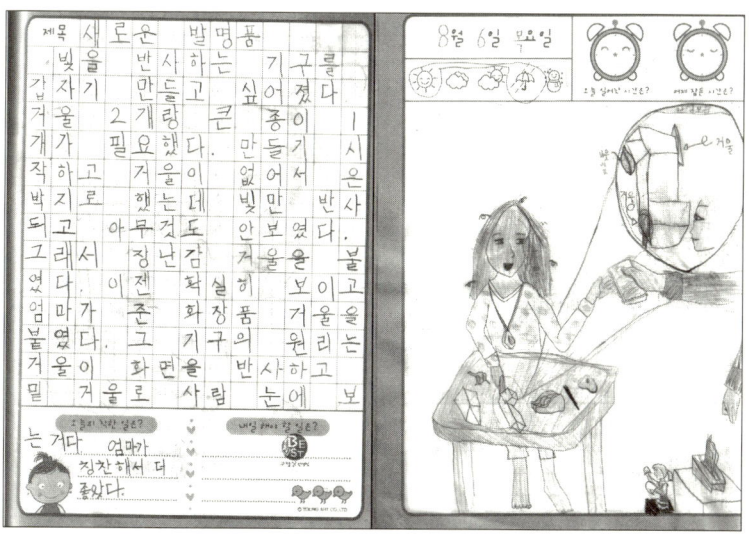

서울 원명초등학교 1학년 김정서

5 과학에서는 무엇을 배우나?

 과학은 배우는 내용들이 서로 연계성이 뚜렷하다. 그렇기 때문에 지금 배우는 내용이 그 전에 배웠던 내용과 어떤 연관이 있는지, 또 앞으로 배울 내용과 어떻게 관련되어 있는지 알아둘 필요가 있다. 다음은 초등 과학 전 학년에 걸쳐 배우게 될 내용들이다.

3학년 1학기			
1. 우리 생활과 물질	2. 자석의 성질	3. 동물의 한살이	4. 날씨와 우리 생활
1) 물체와 물질 – 물체의 재료 – 물질이란?	1) 자석과 물체 – 자석에 붙는 물체 – 자석이 물체를 끌어당기는 힘 – 자석의 극	1) 여러 가지 동물의 한 살이 – 사람의 일생 – 새끼를 낳는 동물의 한살이 – 알을 낳는 동물의 한살이 – 개구리의 한살이	1) 기온, 바람, 구름, 비 – 기온이란? – 장소에 따른 기온의 변화 – 시간에 따른 기온의 변화 – 바람의 방향과 세기 – 구름 관찰 – 비의 양을 알 수 있는 방법
2) 다양하게 쓰이는 물질 – 물질의 성질 – 물질의 다양한 쓰임새 – 쓰임새는 같으나 다양한 물질로 만들어진 물질	2) 자석과 자석 – 자석의 극은 몇 개 있을까? – 자석이 가리키는 방향 – 극 사이의 밀고 당기는 힘 – 못을 이용해 나침반 만들기	2) 배추흰나비의 한살이 – 배추흰나비를 기를 사육 상자 꾸미기 – 배추흰나비의 알과 애벌레의 모습 – 배추흰나비 번데기의 모습 – 배추흰나비의 모습	2) 맑은 날, 흐린 날 – 날씨 정보 알아보기 – 날씨가 우리에게 주는 영향 – 날씨를 미리 알면 좋은 점
3) 물질의 상태 – 고체, 액체, 기체 – 공기	3) 자석과 생활 – 생활에서 자석을 이용하는 예 – 자석을 이용한 장난감 만들기 – 생물들의 자석 이용		

3학년 2학기			
1. 액체와 기체의 부피	2. 동물의 세계	3. 혼합물의 분리	4. 빛과 그림자
1) 액체의 부피 측정 − 액체의 부피를 비교하기 − 눈금 실린더로 액체의 부피 측정 − 액체의 부피를 측정하는 경우 알아보기 − 나만의 부피 측정 기구 만들어 보기	1) 동물의 생김새 − 여러 가지 동물의 생김새 관찰하기 − 동물의 특징에 따라 분류하기	1) 생활 속의 혼합물 − 혼합물이란? − 왜 혼합물을 분리할까?	1) 빛 알아보기 − 빛이 없으면 어떻게 될지 생각해 보기 − 빛을 내는 것이 있나 알아보기 − 생활에서 빛을 가리는 경우 찾아보기
2) 부피와 무게를 가지는 기체 − 컵 안의 종이배가 어떻게 되는지 알아보기 − 기체가 공간을 차지하는지 알아보기 − 기체가 무게를 가지는지 알아보기	2) 동물이 사는 곳 − 바다에 사는 동물의 특징 − 강과 호수에 사는 동물의 특징 − 땅에 사는 동물의 특징 − 하늘을 나는 동물의 특징	2) 혼합물을 분리하는 여러 가지 방법 − 콩, 팥, 좁쌀의 혼합물 분리하기 − 두부 만들어 보기 − 바닷물에서 소금 분리하기 − 물과 기름을 분리하기 − 쌀, 클립, 구슬의 혼합물 분리하기	2) 그림자 살펴보기 − 그림자를 보고 물체 알아맞히기 − 그림자가 생기는 까닭 − 그림자 관찰하기
	3) 사는 곳에 따른 동물의 생김새 − 비슷한 종류지만 생김새가 다른 동물 − 다른 종류지만 생김새가 비슷한 동물 − 특수한 환경에 사는 동물의 생김새		3) 그림자 만들기 − 그림자의 크기를 달리해 보기 − 그림자의 비밀 − 그림자의 개수를 다르게 하기 − 물체를 통과하는 빛, 엑스선

4학년 1학기			
1. 무게 재기	2. 지표의 변화	3. 식물의 한살이	4. 모습을 바꾸는 물
1) 용수철로 무게 재기 - 용수철저울로 무게 재어 보기 - 용수철이 늘어난 길이와 무게 사이의 관계 알아보기 - 무게란?	1) 소중한 자원, 흙 - 여러 가지 흙 - 식물이 잘 자랄 수 있는 흙 - 흙은 어떻게 만들어졌나?	1) 씨앗에서 싹이 트는 모습 관찰 - 한살이를 관찰하기에 적합한 식물 - 여러 가지 씨앗 관찰하기 - 씨앗에서 싹이 트는 조건 - 씨앗에서 싹이 트는 과정	1) 우리 생활과 물 - 물의 세 가지 상태 - 물이 소중한 이유
2) 수평 잡기로 무게 재기 - 수평이 되게 하여 보기 - 수평 잡기의 원리 - 앞접시 저울 이용해 무게 재기	2) 변화하는 땅 - 지표가 오랜 시간 동안에 어떻게 달라지는지 알아보기 - 물에 의한 지표의 변화 - 강의 상류에서 하류로 가면서 지표가 달라지는지 알아보기 - 파도가 치는 바닷가 주변	2) 식물의 자람 - 식물의 한살이를 관찰하기 위해 씨앗 심기 - 식물이 자라는 데 필요한 조건 - 잎과 줄기의 자람 - 꽃과 열매의 자람	2) 물과 얼음 - 물과 얼음 관찰하기 - 물이 얼 때의 무게와 부피 변화 - 얼음이 녹을 때의 무게와 부피 변화
3) 내가 만든 저울로 무게 재기 - 여러 가지 종류의 저울 - 나만의 저울 만들기 - 한국 표준 과학 연구원을 찾아서		3) 식물의 한살이 비교 - 식물의 한살이 알아보기 - 식물의 한살이 비교하기	3) 물과 수증기 - 물이 증발할 때의 변화 - 물이 끓을 때의 변화 - 수증기가 응결할 때의 변화 - 물의 순환

4학년 2학기			
1. 식물의 세계	2. 지층과 화석	3. 열전달과 우리 생활	4. 화산과 지진
1) 식물의 생김새 – 잎의 생김새와 특징 – 줄기의 생김새와 특징 – 뿌리의 생김새와 특징 – 꽃과 열매의 생김새와 특징	1) 층층이 쌓인 지층과 그 속의 암석 – 지층은 어떻게 만들어지나 – 여러 가지 모양의 지층 – 여러 가지 퇴적암	1) 뜨거운 냄비 – 고체에서 열은 어떻게 전달될까? – 어느 것이 먼저 뜨거워질까?	1) 분출하는 화산 – 화산이 분출할 때 나오는 물질은 무엇일까? – 화산의 모양은 모두 같을까? – 화산 활동에 의해 만들어진 암석은 무엇일까? – 화산 활동은 우리 생활에 어떤 영향을 미칠까?
2) 식물이 사는 곳 – 들과 숲에 사는 식물의 특징 – 연못이나 강가에 사는 식물의 특징 – 높은 산과 사막, 바닷가에 사는 식물의 특징	2) 암석 속에 있는 생물의 흔적 – 여러 가지 화석 – 화석은 어떻게 만들어지나 – 화석을 이용해 연구해 보기 – 화석을 볼 수 있는 곳	2) 따뜻한 우리 집 – 액체에서 열은 어떻게 전달될까? – 기체에서 열은 어떻게 전달될까? – 햇빛을 받으면 왜 따뜻해질까?	2) 흔들리는 땅 – 지진은 왜 일어날까? – 지진의 세기는 어떻게 나타낼까? – 지진의 피해를 줄이려면 어떤 노력을 해야 할까?
		3) 내가 만든 보온병 – 열의 전달을 막을 수 있을까?	

5학년 1학기			
1. 지구와 달	2. 전기 회로	3. 식물의 구조와 기능	4. 작은 생물의 세계
– 지구는 어떤 모양일까? – 달은 어떤 모습일까? – 지구에 생물이 살 수 있는 까닭은 무엇일까? – 달 생성의 비밀, 지구의 운석 구덩이 – 낮과 밤이 생기는 까닭 – 태양이 움직이는 것처럼 보이는 까닭 – 하루 동안 달은 어떤 방향으로 움직일까? – 여러 날 동안 같은 시각에 달을 관찰하면 모양과 위치는 어떻게 변할까?	– 전지와 전구를 어떻게 연결해야 불이 켜질까? – 전기가 통하는 물체에는 어떤 것이 있을까? – 전지의 연결 방법에 따른 전구의 밝기 – 전구의 연결 방법에 따른 전구의 밝기 – 전기 회로를 간단하게 나타내기 – 전류가 흐르는 방향 – 전기를 안전하게 이용하는 방법	– 뿌리의 구조와 하는 일 – 줄기의 겉모양과 하는 일 – 줄기에서 물은 어떻게 이동할까? – 잎의 구조 – 잎새에서 만들어지는 물질 – 잎에 도달한 물은 어떻게 될까? – 꽃의 구조와 하는 일 – 열매의 구조와 하는 일	– 우리 주변에는 어떤 작은 생물이 있을까? – 물에 사는 작은 생물 – 땅에 사는 작은 생물 – 작은 생물을 키워 볼까? – 작은 생물은 우리 생활과 어떤 관계가 있을까? – 곰팡이, 세균, 바이러스가 우리 건강에 미치는 영향

5학년 2학기			
1. 우리의 몸	2. 물체의 속력	3. 용해와 용액	4. 태양계와 별
- 뼈와 근육의 구조와 하는 일 - 우리가 먹은 음식은 어떻게 될까? - 혈액은 어떻게 온 몸으로 이동할까? - 우리는 어떻게 숨 쉴까? - 오줌은 어떻게 만들어질까? - 우리 몸은 자극에 대해서 어떻게 반응할까? - 운동과 건강한 생활	- 운동이란? - 일정한 거리를 이동한 물체들의 빠르기 비교 - 물체들의 빠르기를 속력으로 나타내 비교하기 - 단위가 다른 물체들의 속력 비교 - 물체의 빠르기를 그래프로 나타내 비교하기 - 물체의 속력과 우리 생활과의 관계	- 용해와 용액이란 무엇인가? - 어느 용액이 더 진할까? - 물에 녹은 설탕은 어떻게 되었을까? - 녹는 빠르기에 영향을 주는 것은 무엇일까? - 물의 양에 따라 녹는 물질의 양은 어떠할까? - 물의 온도에 따라 녹는 물질의 양은 어떻게 달라질까?	- 태양계의 구성과 태양이 지구에 미치는 영향 - 태양계 행성의 크기 비교 - 태양계 행성까지의 거리 비교 - 태양계 행성은 어떻게 움직이고 있을까? - 북쪽 하늘에 보이는 별자리 관찰 - 하룻밤 동안 별자리의 위치는 어떻게 변할까? - 계절에 따라 보이는 별자리는 어떻게 달라질까?

6학년 1학기

1. 빛	2. 산과 염기	3. 계절의 변화	4. 생태계와 환경	5. 자기장
– 바늘구멍 사진기를 통하여 물체를 보면 물체는 어떻게 보일까? – 거울에 부딪친 빛은 어떻게 나아갈까? – 공기와 물이 만나는 면에서 빛은 어떻게 될까? – 렌즈로 사물을 보면 어떻게 보일까? – 우리는 어떤 과정을 통하여 물체를 보게 되는 것일까?	– 다양한 용액을 분류하는 방법을 찾아보기 – 지시약을 만들어 용액을 분류해 보기 – 산성 용액과 염기성 용액은 각각 어떤 성질을 가지고 있을까?	– 태양의 고도와 그림자의 길이, 기온은 어떤 관련이 있을까? – 계절에 따라 태양의 남중 고도는 어떻게 달라질까? – 계절에 따라 기온이 달라지는 이유는 무엇일까? – 해가 뜨고 지는 시각과 기온은 계절과 어떤 관계가 있을까? – 계절 변화의 원인은 무엇일까?	– 생태계란 무엇일까? – 생태계에서 생물은 어떻게 상호 작용을 할까? – 생물의 생활에 영향을 주는 비생물 요소를 알아보기 – 생물은 환경에 어떻게 적응하면서 살아갈까? – 사람의 생활은 생태계에 어떤 영향을 미칠까? – 환경 오염은 생물에게 어떤 영향을 미칠까? – 환경을 깨끗하게 하기 위해서는 어떻게 해야 할까?	– 자석 주위에서 일어나는 현상은 무엇 때문일까? – 전류가 흐르는 전선 주위에서 일어나는 현상은 무엇 때문일까? – 고리 모양의 전선 주위에서 나침반 바늘은 어떻게 될까? – 전자석은 어떤 성질을 가지고 있을까? – 어떻게 하면 센 전자석을 만들 수 있을까?

6학년 2학기			
1. 날씨의 변화	2. 여러 가지 기체	3. 에너지와 도구	4. 연소와 소화
– 습도 측정 – 이슬, 안개, 구름, 비는 어떻게 만들어질까? – 지면과 수면의 온도는 어떻게 변할까? – 바람은 왜 불까? – 일기도에서 날씨를 어떻게 알 수 있을까? – 우리나라의 계절별 날씨	– 기체에 힘을 가하면 기체의 부피는 어떻게 될까? – 온도에 따라 기체의 부피는 어떻게 될까? – 산소를 발생시켜 성질 알아보기 – 이산화탄소를 발생시켜 성질을 알아보기 – 우리 주변에서는 어떤 기체가 이용되고 있을까?	– 에너지는 무엇이며, 어떤 종류가 있나? – 에너지의 종류가 바뀌는 예 – 에너지를 절약하는 방법 – 지레를 이용하면 어떤 점이 이로울까? – 지레의 원리를 이용한 생활 도구 – 도르래를 이용하면 어떤 점이 이로울까? – 경사면을 이용하면 어떤 점이 이로울까?	– 물질이 탈 때 어떤 현상이 생길까? – 촛불을 집기병으로 덮으면 왜 불이 꺼질까? – 불을 붙이지 않아도 물질은 탈 수 있을까? – 물질이 탈 때 생기는 것 – 불을 끄려면 어떻게 해야 할까? – 화재가 발생했을 때 어떻게 해야 할까?

* 과학 교과서 차례 인용 및 참고

문제집 활용하기

문제집은 자기가 공부한 것을 어느 정도 잘 이해하고 있는지 확인할 수 있는 좋은 학습 수단이다. 그래서 학교에서 시험 보기 전에 문제집 한 권 정도는 풀어 보는 것이 좋다. 공부를 많이 했다고 하더라도 실제 문제를 풀어 보지 않으면 문제를 푸는 일종의 요령 같은 것이 부족하여 시험 성적이 기대 이하로 나오기도 한다.

문제집은 자기가 공부한 것을 어느 정도 잘 이해하고 있는지 확인할 수 있는 좋은 학습 수단이다. 그래서 학교에서 시험 보기 전에 문제집 한 권 정도는 풀어 보는 것이 좋다. 공부를 많이 했다고 하더라도 실제 문제를 풀어 보지 않으면 문제를 푸는 일종의 요령 같은 것이 부족해 시험 성적이 기대 이하로 나오기도 하기 때문이다. 시중에 나와 있는 메이저급 문제집들은 다양한 각도로 문제를 출제하고 있다. 그래서 문제를 풀면서 '아, 이런 내용을 내가 놓쳤구나.', '아, 이 부분에 해당하는 문제가 많은 걸 보니 꽤 중요한 모양이지.' 하며 자기 점검을 할 수 있다. 하지만 문제집은 어디까지나 문제집이지 본격적인 공부를 하는 주교재가 아니라는 걸 잊지 말아야 한다. 그런데 가끔 일부 부모나 학생들은 주교재인 교과서보다 문제집으로 공부하는 것을 선호하기도 해서 염려가 된다. 문제집을 풀어 보기는 하되, 그 순서는 충분히 교과서로 공부한 후라는 걸 명심해야 한다. 충분한 학습이 되지 않은 상태에서 문제를 푸는 것은 말 그대로 문제만 풀 뿐이고, 공부는 되지 않는다. 학원가에서 시험 때만 되면 '기출문제'를 만들어 학생들에게 반복해서 풀게 한다. 그리고 부모는 부모대로 문제집을 몇 권씩 사서 아이에게 안긴다. 내 생각에는 그 정도 문제를 풀었다면 학교 시험을 아주 잘 봐야 정상인데, 결과는 그렇지가 않다. 그 까닭은 문제집을 제대로 활용하지 못했기 때문이다.

"문제집, 딱 한 권만 제대로 풀자."

기회만 되면 내가 부모와 아이들에게 하는 말이다. 앞에서도 말했듯이, 충분히 공부한 후에 문제를 푼다면 굳이 여러 권의 문제집을 풀면서 고생하지 않아도 된다. 딱 한 권만 풀어도 시험 준비는 충분하다. 단, 거기에는 제대로 푼다는 전제 조건이 필요하다. 그 방법을 간단히 소개하도록 하겠다.

나만의 기호를 만들자

　문제를 풀다 보면 잘 아는 것도 있고, 답을 고르기 애매한 것도 있다. 그리고 어떤 문제는 몰라서 힌트를 보거나 앞에 설명을 찾아보고 푸는 것도 있다. 이럴 때 잘 알아서 푼 문제를 제외하고는 모두 표시해 두었다가 나중에 꼭 다시 찾아 공부해야 한다. 그런데 아이들은 찍어 맞힌 문제도, 힌트를 보고 푼 문제도 모두 맞았다고 표시한다. 진짜 학교 시험이 아니더라도 틀렸다고 빗금 치는 것이 싫은 모양이다. 하지만 잘 알지 못하면서 맞았다고 해 두면, 모르는 문제는 절대로 해결되지 않는다. 자기는 문제집을 다 풀었고 모르는 것이 없으니 공부를 다 했다고 여길지 모르지만 진짜 학교에서 시험을 보면 어영부영 문제를 풀기만 한 것이 점수로 드러난다.
　체크하는 것이 싫으면 좋아하는 그림을 그리는 것도 한 방법이다.

애매한 것은 '하트', 찾아보고 픈 것은 '별', 정말 모르는 것은 '꽃'을 그려 표시해 두도록 한다. 모든 문제를 완벽하게 풀려면 그냥 지나치는 문제가 없어야 한다.

2
맞은 이유, 틀린 이유 확실히 알면서 풀기

객관식 문제는 '＊＊ 틀린 것을 고르시오.', '＊＊ 맞는 것을 고르시오.'라는 문제가 대부분이다. 이런 문제를 대할 때 부모는 '틀린'에다가 꼭 표시하라고 주문한다. 그런데 아무리 '틀린', '맞는'에 표시를 해도 자꾸 오답을 고르는 이유는 무엇일까? 부모는 애가 성급해서라든가 '틀린, 맞는'이란 지시를 제대로 따르지 못해서 실수했다고 생각한다. 아이가 정말로 몰라서 틀렸다고는 생각하기 싫은가 보다. 하지만 이런 문제를 풀 때 실수란 없다. 모르기 때문에 틀렸을 뿐이다.

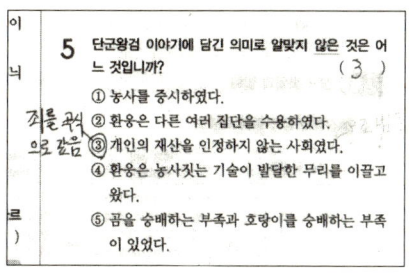

완자 5학년 사회 44쪽

위 문제를 예로 들어 보자. 문제의 답은 '③ 개인의 재산을 인정하지 않는 사회였다.'이다. 그런데 만일 아이가 ①을 답이라고 해서 틀렸다고 가정하자. 그때 아이는 눈치껏 '맞는 것'을 고르는 줄 알았다고 말한다. 그러면 부모는 "그러니까 '않은'에 꼭 표시하라고 했잖니. 알면서 틀리면 얼마나 억울해." 하고 말한다. 하지만 부모는 아이가 잘 아는 문제를 성급해서 실수한 것이 아니라 정말 몰라서 틀렸을 가능성이 훨씬 높다는 걸 알아야 한다. 아이가 정말로 맞는 것을 고르는 줄 알았다면 ①을 답으로 골라서는 안 된다. 왜냐하면 ② ④ ⑤ 모두 맞는 답이기 때문이다. 그렇다면, 아래 문항을 읽어가면서 '어? 이상하다. 왜 이렇게 맞는 것이 많지?' 하며 문제를 다시 읽었어야 한다. 그런데 그렇게 하지 않았다는 것은 둘 중 하나다. 문제의 답을 모르고 있거나, 아이 말대로 맞는 것을 고르는 줄 알았는데 첫 문항을 보고 '와. 내가 아는 것이네.' 하고 너무 기뻐 흥분한 나머지 끝까지 문제를 읽지 않고 답을 고른 경우다. 이런 오류를 범하지 않도록 하기 위해서는 평소 문제를 풀 때 '맞는 것'과 '틀린 것'을 고르라는 것에 표시하는 것보다 보기가 왜 틀렸는지, 왜 맞는지를 생각하며 푸는 것이 더 중요하다. 그러한 연습이 몸에 배도록 하기 위해 문항 옆에 답을 고른 이유 또는 답이 아닌 이유를 적어 가며 풀어 보자. 그러다 보면 오류도 줄어들고, 이유를 따져 가며 문제를 푸는 동안에 알고 있는 것들을 확인하게 되어 확실한 공부가 된다.

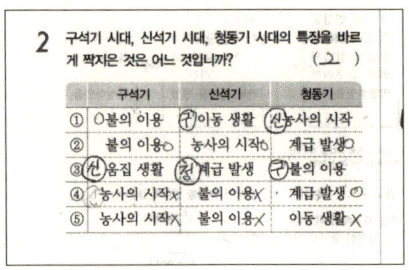

완자 5학년 사회 44쪽

위 문제를 풀 때 아이는 답을 고르면서 답이 아닌 것은 왜 아닌지 체크해 가며 풀었다. 이 아이는 이 과정에서 구석기, 신석기, 청동기에 대한 지식이 보다 확실해졌을 것이다. 그러면 이와 비슷한 내용의 다른 유형의 문제가 나오더라도 절대 틀릴 일이 없다.

3
스스로 채점하기

"너희들은 문제를 풀고 나면 누가 채점하니?" 하고 물어보면 아이들은 보통 문제집을 풀고 나면 그 채점은 부모나 학원 교사가 한다고 답한다.

"채점은 자기가 직접 하는 것이 좋은데." 하고 말하면 해답지를 부모나 학원 교사가 가지고 있기 때문에 자기가 채점할 수 없다고 말한다. 그들은 왜 수고스러움을 마다하지 않고 아이의 문제를 직접 채점해 주는 걸까? 아이가 채점하면 시간이 너무 많이 걸린다. 시험 때처럼 바쁠 때는 시간을 절약하기 위해서 채점해 준다고 한다. 또 정확하게 채점하기 위해서 직접 채점한다고 했다. 그런데 나는 조금 더디더라도 자기가 푼 문제는 자기가 채점하는 것이 좋다고 생각한다. 자기가 직접 채점하며 맞았는지 틀렸는지 확인하면서 두근거리는 것도 경험해 보는 것이 좋다. 틀렸을 때 '찍' 하고 표시할 때의 느낌, 맞았을 때 동그라미로 표시할 때의 기분을 느낄 필요가 있다. 그러면서 자기가 푼 문제가 틀렸을 때 왜 틀렸는지를 유심히 확인하고, 그 이유를 적극적으로 찾아보게 된다. 그런데 어른들이 채점해 주면 그냥 '틀렸네' 정도로 반응이 싱겁게 끝난다. 반응의 강도가 셀수록 틀린 문제를 확인하는 빈도가 높고, 그래서 다시 틀리는 일이 줄어들게 된다.

4
왜 틀렸는지 그 이유 알아보기

 아이들이 틀리는 문제를 분석해 보면 이상하게 틀려서 다시 푼 문제를 또 틀리는 경우가 참 많다. 집에서 연습 삼아 문제 풀이를 할 때야 '아까 틀린 문제를 또 틀렸구나. 다시 잘 봐라.' 이렇게 말하면 되지만 학교 시험에서 풀었던 문제, 그것도 틀려서 다시 풀이했던 것을 또 틀려 온다면 참으로 답답할 노릇이다. 이렇게 틀린 것을 또 틀리는 데는 분명한 까닭이 있다. 그것은 다시 확인하는 작업을 제대로 하지 않았기 때문이다.

 나는 학교에서 시험을 본 후에 아이들과 함께 시험지를 보면서 꼭 하는 작업이 있다. 아이가 틀린 문제를 보며 "너는 왜 답이 **이라고 생각했니?"라고 묻는 것이다. 문제를 읽고 답을 선택할 때는 분명히 그 답을 선택한 이유가 있게 마련이다. 정말 몰라서 아무거나 찍어서 틀리기도 하지만, 정말 그것이 답이라고 생각해서 골랐는데 틀린 경우도 있다. 그렇다면 왜 그것을 답이라고 생각했는지를 확실히 알 필요가 있다. 아래 사례로 제시한 문제지를 보면 자기가 오답을 고른 이유를 분명하게 적어 두었다. 이렇게 하면 무엇을 모르고 있는지, 내가 무엇을 착각하고 있는지 알아서 같은 잘못을 또 저지르지 않는다. 시험을 준비하면서 문제 풀 때는 오히려 틀린 것을 더 열심히 봐야 한다.

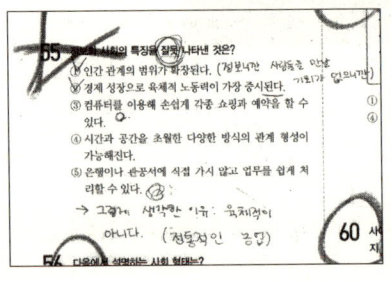
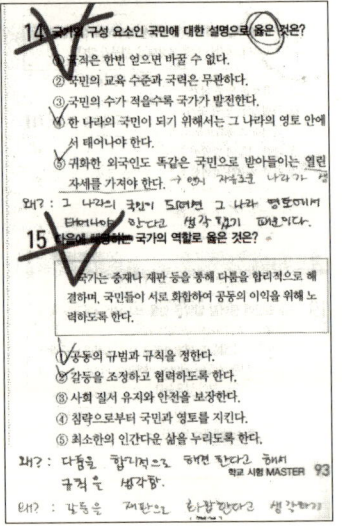

5 해답지로 공부하기

　요즘 문제집에 달려 나오는 해답지는 그냥 정답만 있는 것이 아니고 그 문제를 아주 상세히 풀이해 주고 있다. 해답지의 문제 해설을 보면 꼭 알아야 할 것들을 잘 골라 놓은 요약집 버금간다는 생각이 든다. 이런 좋은 자료를 문제 풀이를 한 후 채점하는 용도로만 사용하기에는 아주 아깝다. 문제를 풀면서 조금 확실치 않았던 것이 있거나, 틀린 문제가 있을 때 다시 책을 찾아보고, 잘 모르고 있었던 부분을 확실히 알아 두어야 한다. 이때 일일이 책을 찾아보기가 시간적으로 급하다 싶으면 해답지의 해설한 부분을 보는 것도 좋은 방법이다. 나는 아이들에게 충분히 공부하고 문제를 풀었다면 해답지를 들고 다니면서 해설 부분을 한 번쯤 쭉 훑어보라고 권하기도 한다.

사례 5

경인이의 문제집을 서로 물려받으려 하는 엄마들

"경인이 풀던 문제집 이번에는 꼭 상민이 줘야 해요."
"영주도 봐야 해. 나눠 갖자."
"미리도 달라고 했는데……."

엄마들이 경인이가 풀던 문제집을 얻으려고 난리들이다. 어차피 다 푼 문제집인데 문제집 살 돈이 없는 것도 아니고 왜들 저러나 싶다. 그런데 사정을 알고 보면 그럴 만한 이유가 있다.

경인이는 문제집을 3~5권 정도 푼다. '그렇게까지 문제집을 많이 풀어야 하나?' 하는 생각을 하는 사람도 있을 것이고, '그 정도는 해야 어느 정도 성적이 나오지.'라고 생각하는 사람도 있을 것이다. 그런데 경인이 문제집을 보면 이상하게 빈 공간이 많다. '아, 문제를 거의 안 풀어서 깨끗하니까 사람들이 그 문제집을 얻으려고 하는구나.' 하겠지만 그것이 아니다. 사람들이 경인이 문제집을 얻으려고 하는 이유는 경인이 문제집을 보면 무엇이 어려운 문제인지, 어떤 문제가 시험에 나올지 알 수 있기 때문이라고 한다.

경인이를 처음 만난 것은 중학교 1학년 겨울 즈음이었다. 경인이도 다른 중학교 1학년 아이들과 비슷한 방법으로 열심히 외우고, 많은 문제를 푸는 방법으로 공부하고 있었다. 그런데 문제를 많이 풀어도 이상하게 성적이 상위권으로 치고 올라가지 못했다. 그래서 경인이가 공부하는 것을 가만히 관찰해 봤더니 학교에서 수업을 제법 잘 듣고 있었고, 나름대로 교과서를 읽어 가며 요약도 하는 것이 공부 방법에 크게 문제가 없었다. 다만 중요한 것을 골라 정리하는 것이 약간 미숙했는데, 그것은 몇 번 일러 주니 금방 알아듣고 잘 해냈다. 그런데 문제 푸는 모습을 보니 역시 보통 아이들과 같은 방법으로 문제를 풀고 채점하고, 틀린 것을 해답지를 보며 확인하고 있었다. 경인이에게 문제집을 효율적으로 푸는 방법을 알려 줘야겠다는 생각이 들었다.

 우선 문제를 풀 때 잘 모르는 것이 있으면 그래도 머릿속에 있는 것을 총동원해서 풀어 보고 꼭 표시해 둘 것, 그리고 답을 고를 때 문항 하나하나를 꼼꼼히 살피면서 맞을 때는 맞은 이유, 틀리면 틀린 이유를 쓰거나 적어도 말하며 풀 것을 요구했다. 만일 답이 맞았더라도 나머지 답이 아닌 것들이 왜 답이 아닌지 그 이유를 모르면 역시 표시해 두었다가 꼭 확인하라고 했다. 처음에는 너무 시간이 많이 걸린다고 살짝 투정을 부렸지만, 이렇게 문제를 풀면 한 문제만 풀어도 다섯 문제를 푼 것과 같은 효과가 난다고 얘기해 주었더니 열심히 실천했다. 그리고 마지막으로 오답을 적었을 때는 왜 그것을 답이라고 생각했는지 반드시 메모하도록 했다. 경인이에게 알려 준 문제집 푸는 요령은 정말 귀찮은 일이다. 어떤 아이는 이 중 하나도 실천하지 않는다. 문제를 많이 푼 티도 안 나고, 일일이 적고, 표시해 가며 푸는 것이 생소하기 때문이다. 경인이에게도 역시 힘들고 귀찮은 일이란 걸 알기에, 이렇게 꼼꼼히 푸는 문제집은 딱 한 권만 하자고 했다. 그래서 1학년 기말고사 때는 과목별로 딱 한 권씩만 이와 같은 방법으로 문제집을 풀었다. 그랬더니 결과는 아주 놀라웠다. 이전에 문제집을 여러 권 풀었을 때는 평균 87~89점을 받았던 경인이가 딱 한 권의 문제집을 풀고도 훨씬 높은 점수를 받은 것이다. 이런 경험을 하고 나더니 경인이는 누가 뭐라고 하지 않아도 그 방법을 고수했다. 그러더니 이제는 문제 푸는 요령이 생겨 한 권을 제대로 풀고 나면, 몇 권의 문제집을 더 구해 다른 유형의 문제, 틀렸던 유형의 문제들만 골라서 풀었다. 스스로 자기가 무엇을 잘 알고, 어떤 유형의 문제에 약한지를 파악해 찾아가며 공부하는 능력이 생긴 것이다. 이렇게 공부하기 때문에 경인이가 푼 문제집을 물려받아 보면 꼭 풀어야 하는 문제가 무엇인지, 어떤 것이 시험에 나올지 짐작이 가능했던 것이다.

이렇게 공부한 경인이는 계속 좋은 성적을 유지해서 아주 좋은 대학에 입학했다. 경인이의 문제집을 물려받은 아이들이 좋은 성적을 거두었는지는 모르겠지만, 어떻게 문제집을 활용해야 하는지 그 방법은 확실하게 배웠을 것이다. 그다음 실천은 결국 아이들의 몫이다.

5부

부록

부록 1 | 요점 정리 사례

【 대현초등학교 5학년 황채미 】

중요한 부분에 밑줄을 그어 가며 읽은 후 교과서에 메모지를 붙여 간단히 정리하였다가 한 단원의 공부가 끝나면 메모지를 모아 한 장에 정리하였다.

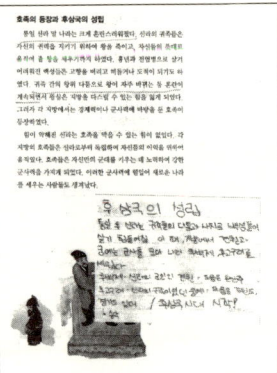
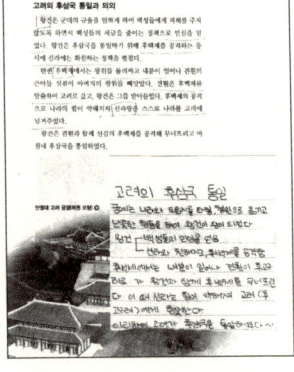
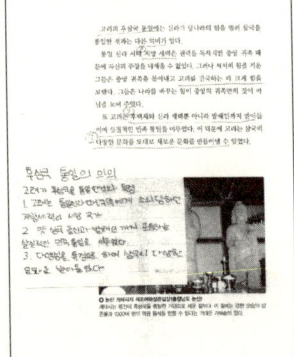
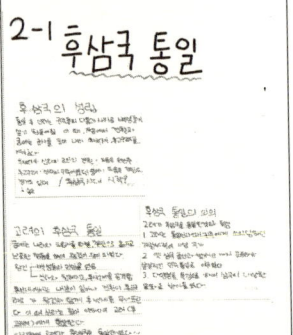

【 대도초등학교 4학년 유승준 】

사회 교과를 읽고 중요한 것만 따로 정리했다. 초보적 단계의 요약이나 자기가 이해하기 쉬운 상태로 내용을 재조직한 점이 아주 우수하다.

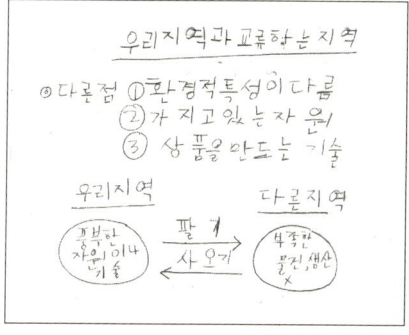

【 당수초등학교 4학년 송재윤 】

읽기 교과서 중 이해하기 어려운 설명글을 도표화해서 정리했다. 정리하는 과정에서 어떻게 내용을 조직할까 고민하며 정리하고 나니 내용이 저절로 이해되었다고 한다.

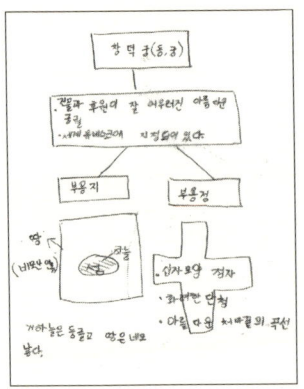 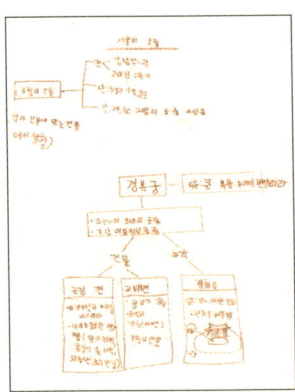

【 서울 지향초등학교 5학년 김지아 】

　교과서를 충분히 활용하고 있는 아주 좋은 예이다. 예습 단계에서 교과서를 가볍게 읽은 후 수업 시간에 교사의 설명을 들어 가며 밑줄 긋기, 중요한 점 따로 메모하기를 어렵지 않게 잘하는 학생이다. 5학년 사회는 역사인데 자기 나름대로 신라의 왕들을 연표 형식으로 정리한 점이 눈에 띈다. 또 지도의 중요성을 스스로 강조하고, 교과서에 지도가 있지만 자기가 그려 붙였다.

삼국과 가야의 성장과 발전

나라의 기틀을 세운 삼국은 더 넓은 영토를 차지하기 위해 서로 경쟁하고, 때로는 교류하면서 발전해 나갔다.

한강 유역의 넓은 평야를 차지하고 일찍 농사짓기에 좋았고, 황해를 통해 중국의 발전된 문물을 쉽게 받아들일 수 있었다.

백제와 <u>근초고왕</u> 때 북쪽으로 고구려를 공격하여 황해도 지역을 차지하였으며, 남쪽으로는 마한 세력을 정복하여 영토를 남해안까지 넓혔다. 또 바다 건너 중국과 교류하였으며 왜와도 활발한 교류를 펼쳤다.

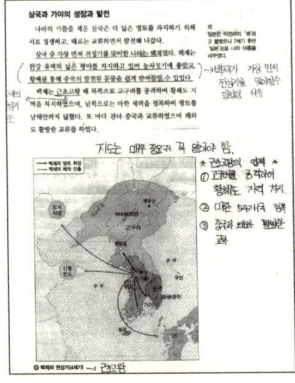

저는 매우 중요가 꼭 많아야 함.

★ 근초고의 업적 ★
① 고구려 공격하여 황해도 지역 차지
② 마한 대가야 정복
③ 중국, 왜와 활발한 교류

→ 근초고왕

신라의 삼국 통일

신라는 한강 유역을 차지한 후에도 백제와 고구려에 위협을 받고 있었고, 백제의 공격을 받아 여러 영토를 잃고 어려움에 처해 있었다. 이에 <u>신라</u>는 당나라와 손을 잡았다. 당나라 역시 혼자 힘으로는 고구려를 정복할 수 없다는 사실에 신라와 손을 잡게 되었다. → <u>나 - 당 연합</u>

당나라와 연합한 신라는 먼저 백제를 공격하였다. 당시 백제는 정치적인 혼란으로 연합군의 공격을 막아 내기에는 힘이 부족하였다. 백제의 왕과 왕자 5천 명의 군사로 신라와 당 군사의 비밀을 받아 3만 영의 군사로 동산벌에서 맞붙는 끝내 패배하였다. 백제는 신라와 당나라의 연합군에 의해 사비성이 함락되면서 멸망하였다. (660년)

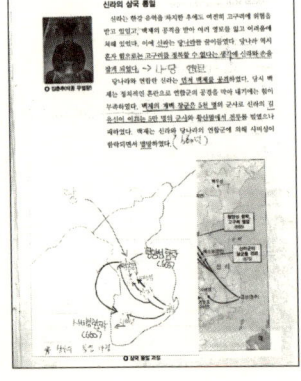

백제멸망
(660)

★ 백제의 마지막 수도

삼국 통일 과정

【 부원초등학교 6학년 이윤지 】

　교과서 내용과 수업 시간에 교사에게 설명 들은 내용을 마인드맵 형태로 정리를 했다.

　중심에 주제를 적고 소주제로 분류하여 내용을 정리해 나갔다. 특히 각 주제별로 관련된 것과 그렇지 않은 것들을 구별하여 정리를 아주 잘한 사례다.

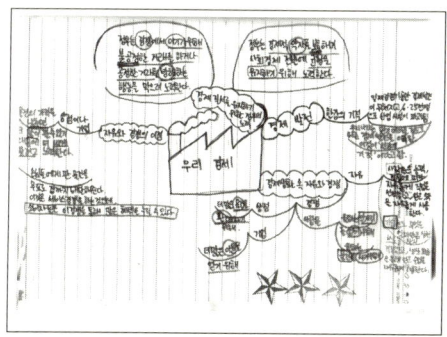

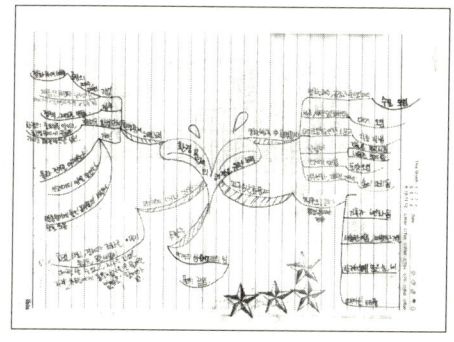

부록 2 | 과학 학습 용어

과학 3, 4학년 교과서에 제시된 학습 용어 풀이. 5, 6학년은 따로 뽑아 제시하지 않음.

3학년 1학기

학습 용어 (학년-학기-쪽)	용어 풀이
1단원: 우리 생활과 물질	
물체 (3-1-22)	모양을 지니고 공간을 차지하고 있는 것
물질 (3-1-24)	물체를 만드는 재료인 유리, 플라스틱, 철, 고무 등
물질의 성질 (3-1-30)	물질이 가지고 있는 독특한 색깔, 촉감, 긁히는 정도, 물에 뜨는 정도, 구부러지는 정도 등
물질의 쓰임새 (3-1-30)	물질이 사용되는 정도. 고무는 유연하고 잘 부서지지 않는 성질이 있어 고무장갑, 자동차 바퀴, 고무공 등을 만드는 데 사용된다.
고체 (3-1-43)	담는 그릇이 바뀌어도 모양과 크기가 변하지 않는 물질의 상태. 나무, 철, 플라스틱, 모래 등
액체 (3-1-45)	담는 그릇에 따라 모양만 변하고 양이 변하지 않는 물질의 상태. 물, 우유, 오렌지 주스 등 기체
기체 (3-1-49)	그릇에 따라 모양이 변하고 담긴 그릇을 항상 고르게 가득 채우는 성질이 있는 물질의 상태. 공기
2단원: 자석의 성질	
자기력 (3-1-62)	자석이 철로 된 물체를 끌어당기는 힘
자석의 극 (3-1-64)	자석에 클립을 붙였을 때 클립이 가장 많이 붙는 부분으로 한 쪽은 N극, 한 쪽은 S극이다.
N극 (3-1-73)	자석에서 북쪽을 가리키는 부분
S극 (3-1-73)	자석에서 남쪽을 가리키는 부분
자화 (3-1-76)	자석이 아닌 물체가 자석의 성질을 가지게 되는 것

학습 용어 (학년-학기-쪽)	용어 풀이
3단원: 동물의 한살이	
동물의 한살이 (3-1-99)	동물이 태어나서 어린 시절을 거치며 성장하여 자손을 남기고 죽을 때까지의 과정
완전 탈바꿈 (3-1-119)	'알-애벌레-번데기-성충'의 한살이 단계를 거치는 것
불완전 탈바꿈 (3-1-119)	한살이 단계 중 번데기 단계를 거치지 않는 것
4단원: 날씨와 우리 생활	
온도 (3-1-128)	차갑고 따뜻한 정도를 숫자로 나타낸 것
기온 (3-1-129)	날씨의 춥고 더운 정도를 공기의 온도로 나타낸 것
비의 양 (3-1-141)	모인 빗물의 높이로 나타내며 우량계를 이용해 잰다.
일기 예보 (3-1-148)	앞으로의 날씨를 미리 알려 주는 것
날씨 정보 (3-1-148)	일기 예보에 나타나는 기온, 바람, 구름, 비와 같은 것들

3학년 2학기

학습 용어 (학년-학기-쪽)	용어 풀이

1단원: 액체와 기체의 부피

부피 (3-2-22)	물체나 물질이 공간에서 차지하는 크기
눈금실린더 (3-2-24)	비커보다 모양이 가늘고 길며, 눈금이 촘촘하게 표시되어 있는 실험 기구. 액체의 부피를 정확하게 측정할 수 있다.
mL, L (3-2-25)	mL(밀리리터), L(리터). 부피를 나타내는 단위. 1L는 1,000mL와 같다.
물질의 쓰임새 (3-2-36)	그릇에 따라 모양이 변하고 담긴 그릇을 항상 고르게 가득 채우는 성질을 가진다. 공기와 같이 눈에 보이지 않는다.

2단원: 동물의 세계

분류 (3-2-52)	어떤 기준에 따라 나누는 것
서식지 (3-2-56)	동물이나 식물이 사는 곳
적응 (3-2-74)	일정한 환경이나 조건에 맞추어 가는 것

3단원: 혼합물의 분리

혼합물 (3-2-84)	두 가지 이상의 물질이 서로 섞여 있는 것
분리 (3-2-87)	혼합 되어 있는 것을 서로 나누어 떨어지게 하는 것
거름 (3-2-97)	헝겊이나 거름종이 등을 이용하여 물에 녹는 물질과 녹지 않는 물질을 분리하는 방법. 두부를 만드는 과정에서 헝겊을 사용해 콩 찌꺼기와 콩 물을 분리한다.

학습 용어 (학년-학기-쪽)	용어 풀이
4단원: 빛과 그림자	
광원 (3-2-115)	스스로 빛을 내는 물체. 태양, 전등 등
투명 (3-2-119)	유리창처럼 빛을 거의 다 통과시키는 물체
불투명 (3-2-119)	빛을 통과시키지 않는 물체
반투명 (3-2-119)	빛을 조금만 통과시키는 물체
빛의 직진 (3-2-127)	빛이 앞으로 곧게 나가는 것

4학년 1학기

학습 용어 (학년-학기-쪽)	용어 풀이
1단원: 무게 재기	
용수철저울 (4-1-22)	용수철을 사용하여 물체의 무게를 재는 저울
무게 (4-1-26)	지구가 물체를 끌어당기는 힘의 크기
수평 (4-1-32)	어느 한쪽으로도 기울어지지 않고 평행을 이루는 상태
저울 (4-1-42)	물체의 무게를 쉽고 정확하게 잴 수 있게 해 주는 도구
수평 잡기 (4-1-32)	어느 한쪽으로도 기울어지지 않고 평행을 이루도록 하는 것
윗접시 저울 (4-1-36)	한쪽에는 무게를 재려는 물체를 올려놓고, 다른 한쪽에는 추를 올려놓아 수평을 잡은 후, 추의 무게를 읽어 물체의 무게를 재는 저울
대저울 (4-1-42)	수평 잡기 원리를 이용한 저울 중 하나로 눈금이 새겨진 긴 막대 모양의 저울. 막대의 한쪽에는 추가 매달려 있고, 다른 한쪽에는 접시나 고리가 매달려 있다.
2단원: 지표의 변화	
물빠짐 (4-1-56)	어떤 것에 물을 부었을 때 그것을 통과해 물이 빠지는 것
부식물 (4-1-58)	식물의 잔뿌리, 작은 곤충들, 나뭇잎 등이 오랫동안 썩어서 만들어진 것으로 식물이 자라는 데 아주 좋은 밑거름이 된다.
풍화 작용 (4-1-60)	빗물, 강물, 파도, 바람, 빙하의 작용에 의해 오랜 시간에 걸쳐서 서서히 바위와 돌이 잘게 부서지는 것
침식 작용 (4-1-70)	땅의 표면이 비, 하천, 파도, 바람 등에 의해 깎아져 내리는 것

학습 용어 (학년-학기-쪽)	용어 풀이
운반 작용 (4-1-70)	흐르는 물에 의해 흙이나 모래가 다른 곳으로 옮겨지는 것
퇴적 작용 (4-1-70)	운반되어 온 흙과 모래가 쌓이는 것. 강의 하류에서 활발하다.

3단원: 식물의 한살이

식물의 한살이 (4-1-84)	식물의 씨앗에서 싹이 터서 자라고, 꽃을 피우며 열매를 맺어 다시 씨앗을 만들기까지의 과정
한해살이 식물 (4-1-111)	1년 이내에 씨 뿌려서 싹이 나고 자라 꽃이 피고 열매 맺고 시들어 죽는 식물
여러해살이 식물 (4-1-111)	만 1년 이상 살아 있는 식물

4단원: 모습을 바꾸는 물

얼음 (4-1-120)	고체 상태의 물
수증기 (4-1-123)	기체 상태의 물
민물 (4-1-124)	우리가 생활하는 데 필요한 염분의 함유량이 낮은 육지의 물
증발 (4-1-144)	물의 표면에서 액체인 물이 기체인 수증기로 변하여 우리 눈에 보이지 않게 되는 것
끓음 (4-1-147)	물의 표면과 내부에서 모두 기포가 발생하면서 액체인 물이 기체인 수증기로 변하는 현상
물의 순환 (4-1-150)	지구상의 물이 액체에서 증발하여 기체로, 다시 기체에서 응결하여 액체로 상태를 바꾸며 자꾸 되풀이하는 것

4학년 2학기

학습 용어 (학년-학기-쪽)	용어 풀이
2단원: 지층과 화석	
암석 (4-2-54)	자연의 고체 알갱이들이 모여 단단하게 굳어진 덩어리. 흔히 '돌'이라 부른다.
지층 (4-2-54)	암석이 여러 층으로 쌓여 있는 것
층리 (4-2-56)	지층에 나타난 나란한 줄무늬
화석 (4-2-68)	과거에 살았던 생물의 몸체나 흔적이 암석이나 지층 속에 남아 있는 것. 화석을 통해 과거에 살았던 다양한 생물의 모습을 알 수 있다.
화석 연료 (4-2-73)	우리가 연료로 사용하는 석탄이나 석유처럼 과거의 생물에서 유래된 것
3단원: 열전달과 우리 생활	
전도 (4-2-85)	열이 온도가 높은 곳에서 낮은 곳까지 차례차례 퍼져 나가는 것
대류 (4-2-94)	물질이 직접 이동하여 열이 전달되는 방법. 물을 끓이면 가열된 물이 위로 올라가고 위에 있던 차가운 물이 아래로 내려온다.
복사 (4-2-99)	빛으로 열이 전달되는 방법. 태양열, 전구나 난로의 열
단열 (4-2-102)	열의 전달을 막는 것. 겨울철에는 집안의 열이 빠져나가지 않게, 여름철에는 집 밖의 열이 들어오지 않도록 단열재를 사용해 집을 짓는다.
4단원: 화산과 지진	
용암 (4-2-119)	화산의 분화구에서 분출된 마그마가 냉각, 응고된 암석
마그마 (4-2-124)	땅속 깊은 곳에 물질이 녹아 죽처럼 되어 있는 형태

학습 용어 (학년-학기-쪽)	용어 풀이
현무암 (4-2-124)	지표 가까이에서 용암이 빠르게 굳은 암석
화강암 (4-2-124)	지하 깊은 곳에서 마그마가 서서히 굳어진 것
지진 (4-2-134)	땅이 흔들리는 것
습곡 (4-2-134)	지층이 휘어진 것
단층 (4-2-134)	지층이 끊어져서 이동한 것
지진대 (4-2-138)	지진이 자주 발생하는 특정한 지역
화산대 (4-2-138)	지진이 자주 발생하는 곳들이 특정 지대에 집중되어 있는 지역

부록 3 | 사회 학습 용어

3, 4학년 사회 교과서에 제시된 학습 용어 풀이. 5, 6학년은 따로 뽑아 제시하지 않음.

3학년 1학기

학습 용어 (학년-학기-쪽)	용어 풀이
1단원: 고장의 모습	
고장 (3-1-8)	사람이 살고 있는 지역을 말하며, 대개 시·군·구를 가리킨다.
위치 (3-1-8)	일정한 곳에 자리를 차지함, 또는 그 자리. 주소는 어떤 곳의 위치를 나타낸다. (3-1-11)
자연환경 (3-1-8)	우리를 둘러싸고 있는 환경 중 인간이 만든 것이 아닌 자연 그대로의 모든 것. 환경. 산, 들, 하천, 바다, 기후 등
인문 환경 (3-1-8)	우리를 둘러싸고 있는 환경 중 사람에 의해 만들어진 모든 시설. 집, 학교, 도로, 논밭, 공장, 철도 같은 것
지형 (3-1-14)	땅의 생긴 모양. 땅의 높낮이, 넓이 등
기후 (3-1-14)	일정한 기간의 기온, 강수, 바람 등의 대기 상태 (4-1-16)
계절 (3-1-14)	봄, 여름, 가을, 겨울
직업 (3-1-24)	일을 하고 그 대가로 소득을 얻는 활동
공공 기관 (3-1-24)	고장 사람들이 함께 생활하면서 생기는 문제를 해결하고, 편리한 생활을 할 수 있도록 나라나 고장에서 만든 기관. 학교, 도서관, 보건소, 경찰서, 소방서 같은 곳
통계표 (3-1-24)	조사하여 알아낸 수를 표로 나타낸 것 (3-1-27)
도표 (3-1-24)	통계표에 기록된 것을 그래프나 그림으로 나타낸 것 (3-1-28)
그림지도 (3-1-34)	고장의 모습을 알기 쉽게 그림과 기호로 나타낸 지도

학습 용어 (학년-학기-쪽)	용어 풀이
방위 (3-1-34)	어떤 지점에서 다른 쪽을 바라본 것. 동, 서, 남, 북으로 나타낸다. (3-1-38)
기호 (3-1-34)	그림지도로 나타낼 때 땅 위에 있는 것들의 생김새나 특징을 본떠서 실제 모습을 간단하게 바꾸어 그린 것 (3-1-39)

2단원: 고장의 자랑

지명 (3-1-52)	사람들이 살아가면서 만들어 낸 고장이나 장소의 이름
문화재 (3-1-52)	문화 활동에 의하여 만들어진 것 중 역사적, 예술적 가치가 있는 것들
연표 (3-1-52)	옛날부터 오늘날까지 일어난 중요한 일들을 알아보기 쉽도록 시간의 순서대로 기록한 표
고장의 자랑거리 (3-1-58)	고장의 자연환경이나 인문 환경, 이름난 인물과 자랑스러운 일, 바람직한 정신 등을 모두 포함한 말
고장의 행사 (3-1-65)	고장에서 어떤 목적을 가지고 진행하는 것으로 보통 다른 고장과 구별되는 특색을 보인다. 문화 예술 행사, 전통 축제 등
전통 축제 (3-1-65)	옛날부터 전해 내려오는 고장 고유의 특별한 큰 행사
답사 (3-1-74)	어떤 곳에 직접 가서 보고 듣고 조사하는 활동

학습 용어 (학년-학기-쪽)	용어 풀이
3단원: 고장의 생활과 변화	
의생활 (3-1-86)	입는 일이나 입는 옷에 관한 생활
식생활 (3-1-86)	사는 집이나 사는 곳에 관한 생활
주생활 (3-1-86)	먹는 일이나 먹는 음식에 관한 생활
생활 도구 (3-1-96)	사람들이 생활할 때 필요한 여러 가지 도구. 호미, 연필, 냉장고, 전기밥솥, 절구 등
생활 모습 (3-1-96)	사람들이 살아가는 모습
여가 생활 (3-1-106)	일이나 공부로부터 벗어난 자유로운 시간에 취미 활동, 운동 등 여러 활동을 하는 것

3학년 2학기

학습 용어 (학년-학기-쪽)	용어 풀이
1단원: 고장 생활의 중심지	
필요 (3-2-8)	꼭 있어야 한다.
중심지 (3-2-16)	일이나 활동의 중심이 되어 사람들이 많이 모이는 곳. 재래시장, 백화점, 기차역, 문화 센터 등
위치 (3-2-16)	자리 잡고 있는 곳
교류 (3-2-26)	고장과 고장이 서로 생산물, 문화 등을 주고받는 것
상호 의존 (3-2-26)	서로 돕고 교류하며 의지하는 것
답사 (3-2-34)	어떤 곳에 직접 가서 보고 듣고 조사하는 활동
2단원: 이동과 의사소통	
이동 (3-2-48)	사람이 다른 곳으로 가거나 물건을 옮기는 것
의사소통 (3-2-48)	사람들끼리 생각이나 정보를 주고받는 것
이동수단 (3-2-56)	먼 거리를 이동할 때 사용하는 방법이나 도구. 자동차, 기차, 비행기 등
의사소통 수단 (3-2-56)	사람들이 서로 생각, 소식, 정보 등을 주고받는 방법이나 도구. 전화, 인터넷, 편지 등
생활 모습 (3-2-64)	사람들이 살아가는 모습. 이동 수단과 의사소통 수단은 우리의 생활 모습과 밀접하게 관련되어 있다.

학습 용어 (학년-학기-쪽)	용어 풀이
3단원: 다양한 삶의 모습	
문화 (3-2-86)	사람들이 살아가는 생활 모습 전체로 의식주, 말, 글, 춤, 노래, 종교 등을 포함한다.
전통 의례 (3-2-94)	사람들이 생활 속에서 중요하게 여기는 때에 특별한 형식에 맞추어 하는 일들 중 먼 옛날부터 내려오는 것. 결혼, 장례, 제사 등
생활 방식 (3-2-104)	사람들이 살아가는 방법. 세계 여러 나라 사람들은 오랫동안 자신들이 속한 자연환경에 적응하며 독특한 생활 방식을 가지고 살아왔다.
명절 (3-2-104)	한 국가나 민족이 중요한 의미를 두어 해마다 즐기는 때. 설날, 추석, 대보름 등
기념일 (3-2-104)	국가가 기억할 만한 날을 정해 기념하는 날. 현충일, 광복절, 한글날 등
문화적 편견 (3-2-112)	어떤 문화가 좋고 어떤 문화가 나쁘다고 생각하는 것 (3-2-113)
다양성 (3-2-112)	모양, 형태, 색깔 등이 여러 가지로 많은 특성. 문화적 편견에 빠지지 말고 문화적 다양성을 인정하는 것이 세계화의 첫걸음이다.

4학년 1학기

학습 용어 (학년-학기-쪽)	용어 풀이
1단원: 우리 지역의 자연환경과 생활 모습	
지역 (4-1-8)	일정하게 나누어 놓은 어느 범위의 토지
위치 (4-1-8)	지역이 어디에 있는지를 가리키는 것
영역 (4-1-8)	지역의 경계가 어디까지인지 나타내는 말
지도 (4-1-8)	지도는 실제 세계를 일정하게 줄여서 나타낸 것. 우리 지역의 위치와 영역은 지도에서 찾아볼 수 있다.
등고선 (4-1-16)	높이가 같은 곳을 선으로 이은 것으로 지도에서는 땅의 높낮이를 등고선과 색깔로 나타낸다. (4-1-18)
자연환경 (4-1-16)	우리를 둘러싸고 있는 환경 중 인간이 만든 것이 아닌 자연 그대로의 모든 것. 환경. 산, 들, 하천, 바다, 기후 등
지형 (4-1-16)	땅의 생긴 모양. 땅의 높낮이, 넓이 등
기후 (4-1-16)	일정한 기간의 기온, 강수, 바람 등의 대기 상태
인문 환경 (4-1-26)	지역의 인구나 인구 분포, 산업, 교통 등 같이 인간에 의해 만들어진 모든 것
인구 (4-1-26)	일정 지역에 사는 사람 수
산업 (4-1-26)	자연에서 자원을 얻거나 이를 이용하여 생활에 필요한 물건을 생산하는 활동, 또 물건을 만드는 일을 돕거나 생산된 물건을 운반하고, 판매하기도 하는 활동을 통틀어 산업이라고 한다.
교통 (4-1-26)	기차, 비행기, 자동차와 같은 탈것을 이용하여 사람이 오고 가거나 짐을 나르는 일

학습 용어 (학년-학기-쪽)	용어 풀이
현장 답사 (4-1-34)	현장에 직접 가서 조사하는 것

2단원: 주민 참여와 우리 시·도의 발전

학습 용어 (학년-학기-쪽)	용어 풀이
지방 자치 (4-1-48)	지역의 주민들과 그들이 선출한 대표가 살기 좋은 지역을 만들고자 노력하는 활동
지방 차지 단체 (4-1-48)	지역의 주민들이 선출한 대표들이 지역 주민을 위해 일하는 곳. 지방 자치 단체의 기관은 시·도청, 시·도 의회가 있다.
공공사업 (4-1-48)	하수도 정비, 도서관 운영, 장애인 시설 설치 등과 같이 지역 자치 단체가 주민을 위해 벌이는 사업
공공시설 (4-1-48)	지역 주민에게 편리함을 제공하고 누구나 쉽게 이용할 수 있는 시설. 구민 회관, 도서관, 주민 체육 시설, 노인 회관 등
선거 (4-1-56)	지역을 위해 일할 사람을 투표로 뽑는 일
투표 (4-1-56)	선거를 하거나 어떤 안건에 대해 찬성 또는 반대를 결정할 때 자신의 의사 표시를 하는 표
지역 문제 (4-1-64)	지역에서 일어나는 문제나 불편한 점
대화와 타협 (4-1-64)	타협: 어떤 일을 서로 양보하며 의논하는 것
다수결의 원칙 (4-1-64)	지역 문제를 협의하는 과정에서 많은 사람의 의견에 따라 결정하는 것
참여 (4-1-64)	주민들이 지역 문제에 직접 나서 관여하는 것. 주민들은 지역에서 일어나는 일에 다양한 방법으로 참여한다.
조사 (4-1-74)	지역 주민의 바람을 알아보는 것

학습 용어 (학년-학기-쪽)	용어 풀이
질문지 (4-1-74)	어떤 주제를 조사하거나 통계 자료를 얻으려고 이용하는 방법으로 조사하고자 하는 내용을 지면을 통해 질문하고 응답자의 답변을 받는 형식. 그에 비해 면담은 직접 사람을 만나 물어보고 이야기하는 방법이다.

3단원: 더불어 살아가는 우리 지역

자매결연 (4-1-86)	지역과 지역이 서로 돕거나 교류하려고 친선 관계를 맺는 것
상호 협력 (4-1-86)	서로 도움을 주고받는 것. 지역은 다양한 교류로 상호 협력하며 발전한다.
자원 (4-1-92)	경제 생산에 이용되는 원료. 수산물, 임산물, 농산물 등
상호 의존 (4-1-92)	서로 돕고 교류하며 의지하는 것
상호 작용 (4-1-100)	서로 영향을 미치는 것. 교통 시설과 통신 수단은 지역들 간의 상호 작용이 활발하게 일어나도록 도와준다.
교통 (4-1-100)	사람과 물자의 이동
통신 (4-1-100)	우편, 전화, 인터넷 같은 가상 공간에서 이루어지는 정보의 흐름
인구 이동 (4-1-108)	한 지역에 살던 사람이 다른 지역으로 사는 곳을 바꾸어 이동하는 것
안내도 (4-1-116)	지역의 모습을 살펴보기 편리하도록 만든 주제도. 공공 기관 안내도, 관광 안내도 등

4학년 2학기

학습 용어 (학년-학기-쪽)	용어 풀이
1단원: 경제생활과 바람직한 선택	
경제 활동 (4-2-8)	생활에 필요한 여러 가지 것들을 만들어 내고, 이것들을 사고팔거나 사용하는 것과 관련된 모든 일들
자원 (4-2-8)	경제 활동을 하기 위해 가지고 있는 것들
선택 (4-2-8)	무엇인가를 고르는 것. 필요로 하고 원하는 것은 많지만 필요한 자원과 돈이 한정되어 있기 때문에 선택의 문제가 일어난다.
생산 활동 (4-2-16)	사람들에게 필요한 것을 자연에서 얻는 활동, 생활에 필요한 것을 만드는 활동, 생활을 편리하게 도와준 활동을 모두 생산 활동이라고 한다.
직업 (4-2-16)	가족이나 개인의 생활을 위하여 일정 기간 계속 일을 하여 소득을 얻거나 사회 발전에 기여하는 활동 (4-2-17)
기업 (4-2-16)	사회에 필요한 물건이나 서비스를 생산하여 이익을 얻는 조직
소득 (4-2-26)	일을 한 결과로 얻은 물질적 이익. 회사에서 일하고 받은 월급, 가게를 운영해 얻은 수익, 저축 이자 등
소비 (4-2-26)	돈, 물자, 시간 또는 노력 등을 써서 없애는 경제 활동
저축 (4-2-26)	절약하여 모아 두는 것. 주로 금융 기관을 이용해 저축한다.
소비자 문제 (4-2-36)	소비자가 상품을 구입하거나 사용하는 과정에서 신체적, 경제적으로 얻은 피해
소비자 권리 (4-2-36)	소비자 문제가 발생했을 때 수리나 교환, 피해 보상 등을 요구할 수 있는 자격
소비자 책임 (4-2-36)	상품의 안전한 사용, 녹색 소비 생활, 불필요한 소비 안 하기 등 현명한 소비자로서 지켜야 할 임무

학습 용어 (학년-학기-쪽)	용어 풀이
2단원: 여러 지역의 생활	
촌락 (4-2-52)	시골의 작은 마을
농촌 (4-2-52)	평야 지역에 자리 잡고 있으며 주로 농사를 짓는다. 넓게 펼쳐진 논, 밭, 비닐하우스, 하천을 볼 수 있다.
어촌 (4-2-52)	바닷가에 자리 잡고 있으며 부두, 방파제 같은 시설이 있다. 주로 고기를 잡거나, 양식을 한다.
산지촌 (4-2-52)	산간 지역에 자리 잡고 있으며 주로 밭농사, 버섯 재배, 약초를 채취한다.
도시 (4-2-64)	일정한 지역의 정치, 경제, 문화의 중심이 되는 지역으로 사람들이 많이 모여 산다.
도시 분포 (4-2-64)	분포: 일정한 범위에 흩어져 퍼짐 도시는 주로 평야나 하천, 해안가에 분포한다.
인구 이동 (4-2-76)	인구가 한 곳에서 한 곳으로 움직이는 현상. 출퇴근이나 등하교 같은 일시적인 인구 이동과 이사 또는 이민 같은 영구적인 인구 이동이 있다.
인구 집중 (4-2-76)	어느 한 지역에 많은 인구가 모이는 현상. 우리나라에서는 수도권을 중심으로 인구가 집중되고 있다.
도시 문제 (4-2-83)	면적에 비해 많은 사람이 모여 살기 때문에 생기는 주택 부족, 교통 체증, 환경 오염 같은 걱정거리
촌락 문제 (4-2-83)	촌락의 걱정거리. 젊은 사람들이 도시로 빠져나간 촌락에 생기는 일손 부족, 고령화, 폐교 등의 문제가 있다.
상호 협력 (4-2-83)	서로 관계를 맺고 도움을 주고받는 것

학습 용어 (학년-학기-쪽)	용어 풀이
3단원: 사회 변화와 우리 생활	
가족 (4-2-98)	결혼, 출산, 입양을 통해 이루어진 집단
가족의 형태 (4-2-98)	가족을 이루고 있는 모습. 구성원의 세대 수에 따라 핵가족, 확대 가족, 구성원의 특징에 따라 다문화 가족, 한 부모 가족 등으로 나눌 수 있다.
성 역할 (4-2-106)	남자와 여자가 서로 다른 특성에 따라 가정과 사회에서 각자 맡아 하는 임무. 옛날에는 성 역할을 엄격하게 구분했다.
양성 평등 (4-2-106)	성에 따른 차별을 받지 않고 자신의 능력에 따라 동등한 기회의 권리를 누리는 것
인구 문제 (4-2-114)	인구 변화로 인해 생기는 여러 가지 문제. 저출산 고령화로 인해 미래에 노동력의 부족, 사회 부양의 문제가 일어날 것이다.
저출산 (4-2-114)	새로 태어날 아기의 수가 점점 줄어드는 현상
고령화 (4-2-114)	저출산과 평균 수명의 연장으로 노인 인구의 비중이 늘어나는 현상
여가 생활 (4-2-120)	학교나 직장 등에서 벗어나 자유롭게 보낼 수 있는 시간
대중 매체 (4-2-120)	우리가 이용하는 신문, 잡지, 텔레비전, 컴퓨터, 인터넷 같은 것